메타버스 비즈니스
승자의 법칙

메타버스 세계에서 새로운 기회를 찾는 4가지 전략

메타버스 비즈니스
승자의 법칙

• 이상협, 박상욱, 김범주 지음 •

더 퀘스트

인류는 디지털 현실, 메타버스로 이주하고 있다. 이 책은 그 이주 행렬의 앞에서 뛰고 있는 현장 전문가들의 경험과 노하우를 담고 있다. 당신이 영원히 물리적 현실에만 머물 수 있지 않다면, 먼저 디지털 현실로 이주한 이들의 이야기에 귀 기울여 보길 바란다.

_김상균, 인지과학자, 경희대학교 경영대학원 교수, 《메타버스》 저자

메타버스는 식어버린 키워드일까? 나는 오래 전부터 메타버스에 관심을 가지고 공부해 왔다. 메타버스가 단순한 소셜 놀이 공간이 아니라 미래의 밥벌이 공간이라는 것을 알고 있었기 때문이다. 현재 안타깝게도 많은 사람들이 '거품이 꺼질 줄 알았다'며 열기가 사그라들고 있다.

하지만 공부하기 딱 좋은 때는 거품이 꺼지고 있을 때다. 흥분한 청중들의 박수를 받을 때 기술은 발전보다는 '응대'하기에 바쁘다. 그러다 열기가 가라앉을 즈음 기술은 오히려 문제를 재정의하며 발전 속도를 높인다. 이러니 열기에 휩쓸리기만 하는 사람들은 매번 기회를 놓친다.

이런 현상은 이미 웹2.0 시대에 우리가 겪은 일이다. 이번에는 그러지 말길 바란다. 지금이야말로 공부를 통해 각자의 밥벌이가 메타버스에서는 어떻게 작동할 수 있을지 설계해볼 때다. 이 책은 그 상상과 설계를 즐겁게 도와주는 책이다.

_김미경, 온라인 지식 커뮤니티 MKYU 대표

현실적인 메타버스를 실제로 만들고자 하는 사람들과 기업들에게 실질적인 도움이 될 수 있는 책! 최고의 전문가들이 함께 했기에 더욱 빛이 난다.

_정지훈, K2G 테크펀드 제너럴파트너, DGIST 교수

메타버스는 더 이상 추상적인 개념 속에 존재하는 세계가 아니다. 새로운 경험을 먼저 시도해 본 브랜드들의 생생한 케이스와 메타버스 비즈니스를 위한 현실적인 조언이 필요하다면, 이 책을 읽어 보길 권한다. 모호하고 멀게만 느껴지던 '메타버스'라는 키워드가 구체화된 모습으로 당신 눈앞에 펼쳐질 것이다.

_류정혜, 카카오엔터테인먼트 부사장

메타버스는 혜성처럼 등장한 단어가 아닌, 이미 오래전부터 마주해 온 현실이다. 과연 누가 이 현실을 실현realization할 것인가? 《메타버스 비즈니스 승자의 법칙》은 기술의 발전과 더불어 현실을 실현하고 만들어가는 실무자들의 고민을 풀어주는 유일한 책이 될 것이다.

—장진규, 컴패노이드 랩스 의장, HCI·인지과학 박사

현장감 없이 메타버스의 개념을 설명하는 책이 아니라 메타버스를 실제 비즈니스로 실현시키기 위해 고민하고 있는 분들의 갈증을 풀어 주는 책! 메타버스 서비스 구현에 필요한 기획, 개발, 사업화까지의 전 단계를 깊게 이해하고, 성공할 수밖에 없는 메타버스 서비스를 발굴하도록 돕는 멋진 길라잡이가 될 것이다.

—김민구, LG유플러스 서비스인큐베이션 랩장

이 책은 실체가 없고 모호한 메타버스가 현실과 비즈니스를 만나 구체화되며 가치를 가지게 되는 과정을 담고 있다. 고객과 기술, 그리고 서비스를 잘 아는 세 명의 저자가 만나 그 접점의 이야기를 엮어가며, 결국 메타버스 기술은 고객을 위한 도구이자 수단임을 강조한다. 입문서로 기초 개념을 잡은 이후, 구체적인 실행방안을 원하는 독자들이 읽으면 도움이 될 것이다.

—최형욱, 기술전략가, 라이프스퀘어 대표, 《메타버스가 만드는 가상경제 시대가 온다》 저자

이 책은 메타버스의 구체적인 각론을 이야기하고 있다. 실무자들이 메타버스 업무를 수행하는 데 바로 쓸 수 있는 현실적인 내용을 담고 있으며, 저자들의 경험을 기반으로 시장에서 필요로 하는 행동 원칙을 기술하고 있다. 이는 메타버스 구축이나 그에 대한 결과가 필요한 기업에게 단순한 지식 전달을 넘어 실제로 활용하는 데에 훌륭한 지침서가 된다. 특히 '메타버스 개발 시 주의할 점'에서는 구체화해야 할 요소에 대해 언급하고 있다. 그리고 이 책의 핵심인 '메타버스 신사업 기획하기' 파트에서 소개하는 비즈니스 모델이나 메타버스 서비스 기획 가이드는 메타버스를 기획하기 전 시뮬레이션해볼 좋은 기회가 될 수 있다.

—최재홍, 강릉원주대학교 멀티미디어공학과 교수

살아남는 메타버스 vs.
사라지는 메타버스

미국의 정보기술 연구 및 자문 회사인 가트너Gartner의 하이프 사이클[1]
에 따르면, 대체로 새로운 패러다임은 큰 사건과 함께 다양한 매체
를 통해 촉발된다. 그리고 기대감의 정점을 찍고 환멸의 계곡을 지
나 안정기로 접어든다. 예를 들어 스마트폰, 인터넷 등이 처음 나왔
을 때도 비슷한 사이클을 그렸다. 스마트폰의 대표 주자인 아이폰
이 처음 발매됐을 때 소수의 열광자를 제외하고 대부분 사람은 실
패를 전망했다. 하지만 지금은 어떤가. 아이폰은 애플리케이션

---

1 hype cycle, 기술의 성숙도를 표현하는 시각적 도구로, 5단계로 이루어진 각 단계는 기술의 성
   장주기에 대응된다.

application(이하 앱)의 발전, 배터리 용량 증가 등 꾸준한 기술 진화로 많은 부분을 헤쳐나가면서 안정적으로 자리 잡았다. 이제 아이폰은 모바일 인터넷의 표준이 됐고, 나아가 스마트폰이 없는 21세기는 상상도 할 수 없는 지경이 됐다.

인공지능Artificial Intelligence, AI도 마찬가지다. 1940년대 후반부터 1950년대 초반에 일부 과학자들 사이에서 인공적인 두뇌에 대한 가능성이 논의되면서 시작됐다. 그리고 1956년 존 매카시John McCarthy가 AI라는 용어를 처음 쓴 이후 황금기와 암흑기를 지나 오늘날에 이르렀다. 로봇에서부터 다양한 비즈니스에 이르기까지 인공지능 기술이 사용되면서 현실 속에 자리 잡았다.

2020년 말부터 시장과 기술 트렌드를 집어삼킨 패러다임은 '메타버스'다. 메타버스 회의론자들은 이를 보고 "메타버스는 반짝 떠올랐다가 금세 사라지는 것이다. 벌써 NFT, 웹3.0Web3.0 등 새로운 용어로 대체되고 있지 않은가"라고 말한다. 심지어 메타버스라는 용어는 기업들이 마케팅의 수단으로 이용하는 것이라고도 한다. 하지만 패러다임 전환이나 기술의 진화 사이클을 보면 메타버스는 '지는 해'가 아님을 알 수 있다. 오히려 안정기에 접어들었다고 볼 수 있다. 한국에서는 이미 '식어버린' 키워드로 인식되지만 그것은 오해다. 사실 메타버스의 열기는 여전히 뜨겁다. 한국을 비롯한 수많은 글로벌 기업이 비즈니스에 메타버스를 적용하고자 하며, 나아가 직접 메타버스를 구축하여 사업하려는 시도가 계속되고 있다.

그림 1 **하이프 사이클로 본 메타버스**

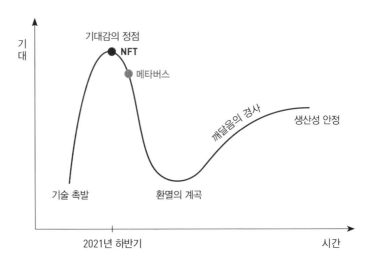

현재까지 시장에 나와 있는 메타버스는 기존 메타버스 플랫폼을 빌려 그 안에 기업의 공간만 구축한 경우이거나 큰 고민 없이 단기간에 메타버스 모양을 흉내내어 일단 뛰어든 사례가 대부분이다. 이런 경우와 달리 이제는 본격적으로 메타버스 서비스를 만들어 비즈니스 기회를 찾으려는 '제대로 된 시도'가 일어나고 있는 것이다.

〔그림 1〕에 제시된 하이프 사이클을 보자. 2021년 하반기부터는 NFT가 정점에 서 있다. 그리고 메타버스는 '기대감의 정점'을 지나 '환멸의 계곡'으로 가고 있다. 앞서 말했듯, 패러다임의 전환은 기대감 속에서 시작했다가 환멸의 계곡을 지나 안정기로 접어든다. 화제

의 중심에서 살짝 내려와 NFT로 대체되고 있는 듯하지만, 메타버스는 사라지는 게 아니라 안정기로 접어들고 있는 것이다. 중요한 사실은 스마트폰이나 인공지능처럼 기술의 진화 등을 통해 진짜 의미 있는 메타버스만이 살아남고 일상의 표준이 되리라는 점이다.

요즘은 인터넷이나 스마트폰을 두고 거품이니 마케팅 수단이니 하는 말은 아무도 하지 않는다. 이미 표준이며 일상이 됐기 때문이다. 메타버스도 마찬가지로 이제 더는 한때의 유행이 아니라 현실(안정기), 일상이 될 것이다. 우리 일상을 지탱하는 또 하나의 기둥이 되는 것이다. 일상이 될 메타버스, 코로나 이후에도 살아남을 메타버스를 만들어내기 위해서 무엇을 알아야 하고 고려해야 하는지 이 책 전반에 걸쳐 살펴보겠다.

특히 이 책은 실제 현장에서 메타버스를 만들거나 업무에 적용해야 하는 사람들을 위해 쓰였다. 쉽게 말해, 위에서 "메타버스 한번 시작해봅시다"라는 오더가 내려왔는데 어떻게 해야 할지 막막해하는 이들을 위한 책이다. 어떤 비즈니스를 시작할 때는 용어의 기본 정의부터 제대로 이해해야 한다. 따라서 1부에서는 메타버스의 기원부터 메타버스가 왜 이렇게 화제인지 등 메타버스를 이해하는데 필요한 전반적인 사회현상을 설명한다. 2부에서는 본격적으로 메타버스를 만들기 위한 배경 지식 등을 알아본다. 필수로 설계해야 하는 아바타[2]와 세계관 fictional universe 등 메타버스 구성 요소와 그 기획 과정을 보여준다. 그런 다음에는 실제 기업들이 어떻게 적용하고 있는지 최신 사례를 들어 설명한다. 3부에서는 메타버스의 생태계를 조망하고, 실제로 메타버스를 만들 때 고려해야 할 점을 서술했다. 또한 가상 오피스, 패션 서비스 메타버스를 만드는 과정을 담았다. 가상 오피스를 만들기 위해 아바타는 어떻게 만들고, 사무실은 어떤 형태로 꾸미며, 채팅 요소와 자유도 등을 어떻게 설정하는지 등 메타버스 만드는 과정을 생생하게 보여주므로 실제 메타버스를 만들기 전에 '시뮬레이션', 즉 간접 경험을 제대로 할 수 있다. 실제가 아닌 가정이지만 서비스를 만들어가는 과정을 보면서 서비스 구축의 각 단계를 어떻게 해나가야 하는지 감을 잡을 수 있을 것이다.

또한 부록에는 현장에서 메타버스를 구축할 때 가장 많이 하는 열 가지 질문과 그 답을 수록했다. 아바타·세계관 등 구성 요소는 어떻게 설계해야 하는지, 비용은 어느 정도로 책정해야 하는지, 어떤 방향을 잡고 기획을 시작해야 하는지 등 직접 메타버스를 만들어야 하는 입장에서 궁금할 법한 질문이다.

파트별로 흐름을 잘 따라가면 어렵지 않게 이해할 수 있을 것이다. 또한 메타버스를 직접 만들어야 하는 상황에서도 무엇부터 시작해야 하는지 프로세스를 이해할 수 있고, 개발자·마케터 등과의

---

2 avatar. 인터넷 채팅이나 게임 등에서 사용자가 자신의 역할을 대신하는 존재로 내세우는 애니메이션 캐릭터

메타버스 비즈니스 승자의 법칙

소통도 막힘없이 진행할 수 있을 것이다. 이 책만 잘 읽어도 메타버스 비즈니스의 A to Z를 마스터할 수 있다. 무엇이든 아는 만큼 보이고, 보이는 만큼 전략을 잘 세워 성공시킬 수 있다. 기초 지식 없이 무작정 시작하면 자원만 낭비하게 된다. 이 책을 보고 영리한 전략을 세워 가장 효율적인 메타버스 비즈니스를 시작하라. 수박 겉핥기로 메타버스를 단순히 비즈니스에 '없는 것'이 아니라 진짜 제대로 된, 그리고 앞으로 살아남을 메타버스를 적용해 눈앞에 있는 비즈니스를 시작해보자.

| 1부 |
메타버스 제대로 이해하기

메타버스
제대로 이해하기

METAVERSE W!

테크, 유통, 패션 등 분야 상관없이 기업들이 메타버스 사업에 나서고 있다. 메타버스는 이제 기업들이 필수적으로 올라타야 하는 현실과제이자 '디지털 전환'의 상징이 되었다. 메타버스 분야는 '경제 생태계를 뒤흔들 먹거리'이자 '기업의 생존 코드'다. 아직 지배적인 메타버스 플랫폼이 나오지 않은 상황이다 보니 이 시장을 차지하기 위해 달리는 중이다.

어느 분야든 실전에 뛰어들려면 기본적인 사항부터 이해해야 한다. 메타버스 비즈니스를 시작하려면 먼저 메타버스를 다각도로 이해하려는 노력을 아끼지 말아야 한다. 1부에서는 메타버스를 탄생시킨 인터넷과 가상세계부터 살펴보겠다. 또한 메타버스는 어떤 의미와 철학을 갖고 있는지, 최초의 메타버스 서비스는 무엇인지, 그리고 '완전한' 메타버스가 되려면 어떤 속성을 가져야 하는지를 알아보자. 디지털네이티브의 대두, NFT로 인한 가상경제 확대, 하이브리드 근무 확산 등 그를 둘러싼 사회 현상도 면밀히 살펴본다.

1장

메타버스의
진짜 시작점은
어디인가

01

인터넷의 후계자,
메타버스

인터넷의 진화 과정

● ● ● ● ●

마크 저커버그Mark Zuckerberg 메타Meta CEO는 커넥트 2021Connect 2021에서 '메타버스는 모바일 인터넷의 후계자'라고 했다. 메타버스를 인터넷의 미래라고 하는 것은 메타버스에서 사용자가 느끼는 경험이 인터넷보다 압도적으로 진화할 것이기 때문이다. 인터넷은 정보의 탐색과 전달에서 시작해 사람들 사이의 소통을 도와주고 콘텐츠 소비를 가능하게 했다. 여기서 더 나아가 '차세대 인터넷'인 메타버스는 소통을 더 풍성하게 하고 콘텐츠 소비를 넘어 경험을 극대화해준다.

　이렇듯 '인터넷의 미래'라고 불리는 메타버스를 정확히 이해하려면 인터넷이 탄생하기 이전부터 살펴봐야 한다. 1945년 미국의 과학자 배너바 부시Vannevar Bush는 〈우리가 생각하는 대로As We may Think〉라는 논문에서 모든 장부, 책, 기록을 저장하는 전기 장치이자 개인 라이브러리로 메멕스memex라는 시스템을 소개했다. 당시 메멕스 시스템이 만들어지지는 못했지만, 이 개념은 20년 후인 1960년대에 '하이퍼텍스트hypertext'의 시초가 된다. 하이퍼텍스트는 다른 텍스트에 대한 링크를 포함하는 텍스트로, 이를 통해 이동하는 기능을 하이퍼링크hyperlink라고 부른다.

　하이퍼링크를 통해 각 텍스트를 비선형적으로 연결할 수 있는데, 이는 현재 많이 쓰고 있는 인터넷의 대표 시스템인 월드와이드웹World Wide Web, WWW의 등장을 이끌었다. 월드와이드웹은 컴퓨터를 이용해 정보를 공유할 수 있는 거미줄web처럼 만든 공간을 뜻한다. 인터넷에서 정보를 쉽게 모으고 열람하고, 정보가 오갈 수 있게 하는 표준 문서 시스템 중 하나인데 사실상 인터넷과 동의어로 취급되면서 인터넷의 대중화에 기여했다.

　인터넷, 월드와이드웹, 하이퍼텍스트를 다시 연관 지어서 생각해보자. 인터넷은 컴퓨터로 연결된 거대한 네트워크이고, 월드와이드웹은 이 거대한 네트워크인 인터넷상에서 정보를 공유하기 위해 구축된 공간이자 정보의 집합체이며, 인터넷상에서 상호작용하기

그림 2 **인터넷, 월드와이드웹, 하이퍼텍스트의 상관관계**

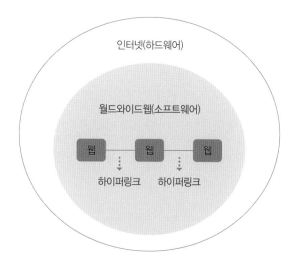

위해 사용하는 방법이다. 하이퍼링크는 이 월드와이드웹을 오가는 수단이다.

이처럼 사람들은 인터넷이 시작된 1960년대 이전부터 정보를 저장하기 위한 온라인상의 '공간'과 그 공간에 담을 '콘텐츠', 공간 사이의 '연결 방식', 그리고 그 연결을 쉽게 하기 위한 '연결 수단'에 대한 니즈를 가지고 있었다. 그러던 중 각 요소의 기술이 발전함에 따라 인터넷이 등장했고, 연결 방식인 '월드와이드웹'과 연결 수단인 '하이퍼텍스트'가 인터넷의 확산을 불러왔다. 인터넷은 텍스트부터 시작해서 이미지, 영상 등의 정보를 저장했고 콘텐츠라는 이름으로 정보가 소비되게 했다. 정보의 저장과 정보들끼리의 연결은 인터넷을 사용하는 사람들을 연결해주었고, 이는 SNS 서비스가 등장하는 데 기여했다. 그렇게 2차원이었던 인터넷은 Z축이라는 새로운 축이 생기면서 3차원이 됐다. 3차원인 가상세계에서 사람들은 정보의 소비와 사람들의 연결 이상을 원했다. 실제로 '함께 있고자 하는' 욕망이 생긴 것이다. 사람들의 이런 욕망이 점점 커지면서 디지털 세계는 팽창했고 기술의 발전과 함께 메타버스가 등장했다.

가상세계는 어디에 존재하는가

· · · · ·

인터넷 등장 이전의 배경과 모습을 살펴봤으니, 이제는 '가상세계'의 기원을 들여다볼 차례다. 가상세계의 시작은 1957년 아이작 아시모프Isaac Asimov의 《벌거벗은 태양Naked Sun》에서 확인할 수 있다. 이 소설에서 비대면 소통 방식이 등장한다. 소설의 주인공들은 태어나면서부터 타인과 대면 접촉을 하지 않고 홀로그램 형식으로 소통하며, 인공지능과 로봇을 일상에서 자유롭게 사용한다. 주인공들이 비대면 소통 방식을 택한 이유가 흥미로운데, 바로 전염병의 확산 때문이다. 이는 코로나가 시작된 이후 화상회의를 통해 업무를 하거나 온라인 쇼핑, 온라인 수업이 일상화된 2022년의 삶과 매우 닮았다.

그림 3 **윌리엄 깁슨의 《뉴로맨서》**

출처: 사이버펑크 웹사이트

또 다른 예로는 1984년에 출간된 SF 거장 윌리엄 깁슨William Gibson 의 《뉴로맨서Neuromancer》라는 소설이 있다. 여기서 '사이버 스페이스' 가 처음 소개됐다. 《뉴로맨서》에서 저자는 사이버 스페이스를 '모 든 국가에서 수십억 명의 합법적인 운영자가 매일 경험하는 환각, 인간 시스템에 있는 모든 컴퓨터에서 추출한 데이터의 그래픽 표 현'이라고 설명한다. 이를 보면 가상세계는 일시적인 소통을 위해 이용하는 것이 아니라 '수많은 사람이 어떤 규칙을 가지고 살아가는 공간'임을 알 수 있다. 그뿐만이 아니라 가상세계로 들어가는 데 필요한 특수 장치인 '심스팀SimStim'이 등장하는데, 이는 가상 공간에 들어가서 실제와 같이 감각을 충분히 느끼기 위해 사용된다. 인터넷의 속성과 소설 속의 가상세계는 바로 지금의 메타버스가 추구하는 가치와 동일하다. 인터넷이 진화하면서 사람들이 요구하는 것과 소설 속의 가상세계에서 메타버스가 추구하는 가치는 모두 '경험'으로 수렴된다.

소설 속 배경이 현실로 나오다

· · · · ·

'메타버스'라는 용어가 어디에서 왔는지 살펴보자. 이 용어 자체는 1992년 출간된 소설 《스노 크래시》에서 처음 언급됐는데, 소설의 내용 이전에 저자인 닐 스티븐슨을 이해할 필요가 있다. 스티븐슨은 1959년생으로 흔히 유명한 SF 작가 정도로 생각하지만, 보스턴 대학교에서 물리학을 전공한 인물이다. 아마존Amazon 설립자인 제프 베조스Jeff Bezos가 2000년 민간 우주 항공 회사인 블루오리진Blue Origin을 설립할 때 옆에서 많은 기여를 했으며, 블루오리진에서 2006년까지 일했고 2014년부터 2020년까지 혁신적인 증강현실 기업인 매직리프Magic Leap의 수석 미래학자로 일했다.

스티븐슨은 과학과 친숙한 환경에서 자랐다. 아버지는 전기공학

그림 4 《스노 크래시》 표지 이미지

출처: 아마존 웹사이트

교수이고 할아버지는 물리학 교수였으며, 어머니는 생화학 실험실에서 일했고 외할아버지는 생화학 교수였다. 그는 수학·암호학·언어학·철학·통화·과학사를 탐구했고, SF소설을 비롯하여 사이버 펑크·바로크·역사소설을 썼으며, 기술 전문 잡지 〈와이어드Wired〉에 논픽션 기사를 쓰기도 했다. 그는 과학과 현재 그리고 과거와 문화에 대한 이해를 기반으로 가까운 미래를 그렸고, 단순히 글만 쓰는 게 아니라 실제 그 미래를 만드는 데 참여했다.

이처럼 그의 생애를 보면, 소설에 쓰인 메타버스라는 용어가 단순히 상상 속의 개념이 아님을 알 수 있다. 오히려 곧 다가올 미래를 아주 구체적이고 실제적으로 그려냈다고 할 수 있다. 이것이 이 저자와 기원을 좀 더 살펴봐야 하는 이유다.

다음은 《스노 크래시》에 등장하는 메타버스의 설명글이다.

> 양쪽 눈에 서로 조금씩 다른 이미지를 보여줌으로써, 삼차원적 영상이 만들어졌다. 그리고 그 영상을 1초에 72번 바뀌게 함으로써 그것을 동화상으로 나타낼 수 있었다. 이 삼차원적 동화상을 한 면당 2킬로픽셀의 해상도로 나타나게 하면, 시각의 한계 내에서는 가장 선명한 그림이 되었다. 게다가 그 작은 이어폰을 통해 디지털 스테레오 음향을 집어넣게 되면, 이 움직이는 삼차원 동화상은 완벽하게 현실적인 사운드 트랙까지 갖추게 되는 셈이었다. 그렇게 되면 히로는 이 자리에 있는 것이 아니었다. 그는 컴퓨터가 만들어내서 그의 고글과 이어폰에 계속 공급해주는 가상의 세계에 들어가게 되는 것이었다. 컴퓨터 용어로는 '메타버스'라는 이름으로 불리는 세상이었다.

메타버스로 들어가는 방법으로 디바이스device를 소개하면서 메타버스 구성 요소와 메타버스에 대한 물리적인 수순을 설명한나.

메타버스 세상으로 진입할 때는 현재의 VR Virtual Reality 기기 같은 '고글과 이어폰'이라는 시청각 디바이스를 이용하며, 메타버스가 충분히 몰입감 있는 3차원 공간임을 알 수 있다. '1초에 72번' 바뀐다는 것을 초당 프레임 수 Frame Per Second, FPS로 해석할 수 있는데, 현재 VR 업계에서 실제와 같은 몰입감을 주기 위해 90FPS 정도를 맞추기 위한 연구가 진행되고 있는 것을 보면 작가가 상당히 구체적인 수준을 제안했음을 알 수 있다. 특히 '삼차원적 동화상'에서는 메타버스의 중요 요소 중 하나인 '3D 공간'으로서 가상세계를 설명했다. '히로는 이 자리에 있지 않고 가상의 세계로 들어간다'라는 대목은 '또 다른 나'로서 아바타를 의미한다.

> 그들은 빌딩들을 짓고, 공원을 만들고, 광고판들을 세웠다. 그뿐 아니라 현실 속에서는 불가능한 것들도 만들어냈다. 가령 공중에 여기저기 흩어져 떠다니는 조명쇼, 삼차원 시공간 법칙들이 무시되는 특수 지역, 서로를 수색해서 쏘아 죽이는 자유 전투 지구 등. 단 한 가지 다른 점이 있다면, 이것들은 물리적으로 지어진 것들이 아니라는 점이었다. 더 스트리트 자체가 실재하는 것이 아니기 때문에, 더 스트리트는 다만 종이에 적힌 컴퓨터 그래픽 규약일 뿐이었다. 아니, 그것들은 광섬유 네트워크를 통해 전 세계에 공개된 소프트웨어 조각들일 뿐이었다.

이런 것들을 건설하기 위해서는, 〈세계 멀티미디어 규약 단체 협의회〉의 허락을 받아야 했다. 더 스트리트의 빈터를 사들이고, 지역 개발 승인을 받고, 각종 허가 사항을 득하고, 검사원들을 매수하고 하는 따위의 일들을 해야 했다. 기업들이 더 스트리트에 건물을 짓기 위해 내는 돈은 〈규약 단체 협의회〉의 신탁 기금으로 들어갔다. 그 기금은 다시 더 스트리트를 유지하고 확장하는 비용으로 사용되었다.

소설 속 메타버스인 '더 스트리트'는 6만 5,536제곱킬로미터인 구형 원주 행성이며, 세계 멀티미디어 규약 단체 협의회의 허락을 받아 건설할 수 있다. 가상 공간이지만 물리 공간을 구체적인 수치로 표현함으로써 공간의 범위를 제한했다. 또한 소프트웨어를 활용하여 여러 건물과 물체를 만들 수 있고 거래까지 가능한 것을 보면, 실제 세상과 같이 소통하고 구매할 수 있는 사회·경제적 활동을 할 수 있음을 알 수 있다. 그리고 메타버스 내에 유행하는 마약인 '스노 크래시Snow Crash'를 먹은 사용자가 현실에서도 뇌손상을 입는다는 이야기도 나오는데 가상세계가 가상으로만 존재하는 것이 아니라 실제 삶에도 영향을 주는 것이라고 할 수 있다.

물론 현실세계와의 차이도 존재한다. 공중에 떠다니는 조명쇼나 3차원 시공간 법칙이 무시되는 특수 지역을 보면, 현실세계의 물리 법칙을 유지하되 때로는 가상 공간에만 존재하는 새로운 경험도 할 수 있음을 알 수 있다. 그리고 메타버스 속 세상을 누구나 만들 수 있지만, 여전히 이 세상을 유지하기 위한 규칙을 만들고 통제하는 조직이나 기관이 있다. 《스노 크래시》에서 언급한 메타버스의 특징을 정리해보면 다음과 같다.

- 메타버스는 현실의 내가 디바이스를 통해 접속하는 가상의 공간임
- 메타버스는 물리법칙을 따르는 한정된 공간이며 그 공간은 확장 가능함
- 메타버스에는 또 다른 나인 '아바타'가 존재함
- 메타버스에서 건물, 아이템, 공간 등 다양한 오브젝트를 만들 수 있음
- 메타버스에서 만든 오브젝트를 이용한 사회적·경제적 활동이 가능함
- 메타버스에서의 삶과 현실에서의 삶이 영향을 주고받음
- 메타버스에는 현실세계를 뛰어넘는 법칙이 존재하기도 함
- 메타버스 세상을 유지하기 위한 규약이 존재하며, 유지를 위한 기관과 단체가 존재함

어떤가. 현재 볼 수 있는 메타버스와 상당히 유사하지 않은가? 그만큼 기술이 상상력을 따라잡을 정도로 발전한 것이다. 그렇다면

앞으로 다가올 메타버스의 모습도 그려볼 수 있다. 《스노 크래시》에 등장한 것처럼 더 거대하고 현실의 법칙을 무시할만한 무언가로 진화할 수 있다.

메타버스는 과학적인 이론이 아니다. 과학과 현실에 대한 이해를 기반으로 미래를 만들어가는(또는 만들 역량을 갖추고 있는) '퓨처리스트'[3]가 탄생시킨 개념이다(실제로 닐 스티븐슨은 매직리프에서 직함이 'Chief Futurist'였다). 미래를 그려가는 이들 덕분에 현실은 끊임없이 발전할 것이다. 그리고 메타버스는 인터넷의 다음이며, 인터넷이 그랬듯 지금도 진화하고 있다. 앞으로 어떤 메타버스가 등장할지 기대가 되는 이유다.

---

3 futurist. 사회의 흐름을 분석하고 다가올 유행을 점치는 사람들을 가리킨다. 일반적으로 기업에서는 유행을 사전에 예상하고 이와 관련한 상품을 개발하는 업무를 맡는다.

02

최초의 메타버스는
무엇인가

35년 전 만들어진 메타버스

· · · · ·

최초라고 불릴 수 있는 메타버스 서비스는 무엇일까? 대부분 매체에서는 2003년 필립 로즈데일Philip Rosedale이 출시한 '세컨드라이프Second Life'라고 이야기한다. 하지만 '진짜 최초'는 따로 있다. 그보다 16년 전인 1987년 루카스필름Lucas Film에서 개발한 '해비타트Habitat'로, 2D 기반으로 만들어진 가상세계 프로그램이다.

해비타트에서 사용자들은 아바타를 이동시키고, 물건을 들거나 내려놓고, 다른 아바타와 대화를 하고, 심지어 아바타를 바꿀 수도

그림 5 **해비타트의 한 장면**

있다. 가상세계인 해비타트는 2만 개의 다양한 지역으로 이루어져 있으며, 다른 지역으로 이동할 수도 있다. 그뿐 아니라 해비타트 머니를 비롯해 화폐와 은행이라는 개념도 있고, 물건을 구매할 수도 있다. 게임적인 요소가 있긴 하지만 게임과는 엄연히 다르다. 메타버스의 구성 요소인 아바타와 공간을 활용하며, 아바타와 주변을 활용한 상호작용과 거래 시스템까지 갖추고 있다.

　필립 로즈데일은 세컨드라이프가 《스노 크래시》의 메타버스에서 영감을 받았다고 했는데, 심지어 해비타트는 《스노 크래시》가

출간되기 5년 전에 출시됐다. 《스노 크래시》 이전에 이미 메타버스 형태를 한 프로그램이 나왔다. 그리고 이것은 가상세계에서 시간을 보내고자 하는 사람들의 니즈가 오래전부터 있었다는 방증이다. 해비타트가 충족시키고자 하는 니즈는 게임이 추구하는 '재미' 이상이다. 해비타트는 가상 공간에서 나를 표현하고, 다른 이들과 상호작용하고, 거래하고, 관계를 맺거나 강화하고자 했다.

메타버스에 가장 근접한 서비스는?

· · · · ·

현재 출시된 서비스 중 메타버스 특성을 갖고 있는 대표적 사례는 로블록스Roblox 다. 앞서 《스노 크래시》에서 나열한 메타버스의 특성들을 실제 서비스인 로블록스와 연결해보자.

- 메타버스는 현실의 내가 디바이스를 통해 접속하는 가상의 공간임
  → 스마트폰이나 VR 기기를 통해 로블록스라는 가상세계로 접속함
- 메타버스는 물리법칙을 따르는 한정된 공간이며 그 공간은 확장 가능함
  → 이동, 아이템 사용 등에서 물리법칙을 따름. 하지만 로블록

스는 한정된 공간이 아니며, 사용자들이 게임을 만듦에 따라
계속해서 공간이 확장됨

- 메타버스에는 또 다른 나인 '아바타'가 존재함

  → 내가 선택하고 꾸밀 수 있는 로블록스 아바타가 있음

- 메타버스에서 건물, 아이템, 공간 등 다양한 오브젝트를 만들
  수 있음

  → 로블록스 내에서 옷, 아이템, 건물, 게임을 만들 수 있음

- 메타버스에서 만든 오브젝트를 이용한 사회적·경제적 활동이
  가능함

  → 내가 만든 오브젝트를 게임에서 쓸 수 있고, 가상 화폐인
  로벅스Robux로 사고팔 수 있음

- 메타버스에서의 삶과 현실에서의 삶이 영향을 주고받음

  → 로블록스 세상에서 현실의 친구와 소통할 수 있고, 현실에
  서 내가 좋아하는 콘서트를 볼 수 있음. 로블록스 내에서의 경
  험이 현실의 경험에 영향을 줌

- 메타버스에는 현실세계를 뛰어넘는 법칙이 존재하기도 함

  → 이동이나 아이템 사용 등에서 물리법칙을 따르지만, 때로
  는 하늘을 나는 등 물리법칙을 확장하는 경험도 존재함

- 메타버스 세상을 유지하기 위한 규약이 존재하며, 유지를 위
  한 기관과 단체가 존재함

  → 로블록스 내의 여러 문제을 해결하기 위한 규칙이 존재하

그림 6 **로블록스 VR 사용자가 PC 사용자들과 게임을 즐기는 방법**

출처: 유튜브 '무결의 VR 게임'

며, 욕설·성적인 표현 등을 제한하는 기술들을 활용하거나 로
블록스 세상을 유지하는 게임 회사가 존재함

물론 로블록스는 한정되지 않은 공간에서 VR 기기를 이용하긴
하지만 충분히 몰입감을 주지는 못한다. 그리고 현실의 삶에 큰 영
향을 미치는 것도 아니고 단순히 재미를 줄 뿐이다. 그럼에도 많은
매체에서 로블록스를 메타버스의 초기 버전이라고 하는 이유는 페
이스북 같은 소셜 플랫폼들과는 다르기 때문이다. 앞서 이야기한
여덟 가지 특징과 페이스북, 로블록스를 비교해보자(표 1 참조).

표 1 《스노 크래시》에서 설명하는 메타버스의 특성과 페이스북, 로블록스 비교

구분	페이스북	로블록스
현실의 내가 디바이스를 통해 접속함	O	O
물리법칙을 따르는 한정된 공간, 확장 가능	X	O
아바타가 존재함	X	O
창작 가능	O	O
창작 활동 결과물로 사회·경제적 활동 가능	X	O
현실과 영향을 주고받음	O	O
현실세계를 뛰어넘는 법칙 존재	X	O
유지를 위한 규약과 단체 존재	O	O

비슷한 듯 보이지만 다르다. 페이스북은 전 세계에서 가장 많이 사용되는 소셜 플랫폼이긴 하지만, 공간에 대한 개념이 없고 아바타를 활용하지도 않는다. 또한 피드를 자유롭게 올릴 수 있지만 피드 자체를 다른 사람에게 판매하지는 않는다. 페이스북은 통신의 진화와 인터넷의 확장이 가져다준 디지털 세상에서 사람들 사이를 수평적으로 연결하는 데 방점이 있다. 여기에 메타버스는 공간감, 아바타 등 수직적인 연결을 더함으로써 연결을 넘어 경험까지 가능하게 한다. 따라서 실제와는 또 다른 세상으로서의 가능성을 보여

메타버스 비즈니스 승자의 법칙

준다.

　물론 로블록스도 완벽한 메타버스 서비스라고 하기에는 몇 가지 부족한 점이 있다. 로블록스 아바타를 다른 메타버스 서비스에서도 사용할 수 있게 하는 상호운용성이나 로벅스를 다른 곳에서 사용할 수 있는 경제 시스템이 없기 때문이다. 하지만 기존 SNS와 비교했을 때 아바타·공간이라는 새로운 개념을 추가함으로써 단순한 연결을 뛰어넘어 '경험에 대한 가치'와 '창작 활동의 결과물을 재화로 손쉽게 바꿀 수 있다는 점'에서 메타버스의 가능성을 이해할 수 있다.

03

메타버스를
지탱하는 철학

"존재는 본질에 앞선다."

실존주의existentialism 철학자 사르트르Jean Paul Sartre 의 말이다. 메타버스 이야기를 하다가 갑자기 사르트르라니, 뜬금없다고 느끼는 사람도 있을 것이다. 하지만 실존주의를 알면 메타버스를 더욱 깊이 이해할 수 있다. 메타버스를 실존주의 철학이 지탱한다고 볼 수 있기 때문이다. 그리고 이는 지금 비즈니스에서도 적극적으로 적용되고 있다.

SM엔터테인먼트(이하 SM)는 늘 독특한 세계관과 아이돌을 접목해서 차별화된 콘텐츠를 보여주는 것으로 유명하다. 그 SM이 만든 메타버스 세계관인 SMCUSM Culture Universe에서 실존주의가 인급됐다.

SM은 자신들의 메타버스 세계관에 왜 사르트르의 말을 인용했을까? 단지 차별화된 콘텐츠를 보여주기 위해서 메타버스와 실존주의를 연결한 걸까? 그보다 먼저, 메타버스는 사르트르의 실존주의와 어떤 연관이 있을까?

주체성을 중시한 실존주의

· · · · ·

실존주의는 개인의 자유, 책임, 주체성subjectivity을 중요하게 여기는 철학적·문학적 흐름이다. 실존주의에 따르면 인간 개인은 단순히 생각하는 주체가 아니라 행동하고, 느끼고, 살아가는 자기 삶의 주체다. 여기서 실존existence은 본질essence과 대비되는 개념으로 이념적 본질 밖에 빠져나와 있는 현실적 존재를 말한다. 실존은 탈출을 의미하는 'ex'와 존재를 의미하는 'ist'의 합성어로 '존재로부터의 탈출'을 의미한다. 존재로부터의 탈출은 살아지는 삶이 아니라 내가 사는 삶을 의미하며, 삶에서의 주체성과 자유를 강조한다. 실존주의는 그저 존재하는 것에서 탈출해 나를 살펴보고 내 삶을 자유롭게 결정하고자 하는 기조를 말한다. 실존주의에서는 인간이 인간의 본질이나 목적이 정의되기 이전에 이미 존재하며 본질은 스스로 만들어가는 것이라고 한다. 그래서 실존주의에서는 자유, 주체성이 강조된다.

SM이 바라보는 아바타의 의미

· · · · ·

SM 소속 걸그룹 에스파aespa의 멤버는 여덟 명이다. 실제 사람인 카리나, 지젤, 윈터, 닝닝과 ae-카리나, ae-지젤, ae-윈터, ae-닝닝으로 이루어져 있다. 'ae'는 인간의 데이터로 만들어진 존재로, 아바타를 의미한다. ae-에스파는 인간의 데이터를 가지고 만들었지만 ae들 모두 개별자로서 존재한다. '존재는 본질에 앞선다'라는 말처럼, 아바타를 어떻게 바라볼 것인지에 대한 SMCU의 관점이 여기서 드러난다. 인간에게 귀속되는 것이 아니라 독립적으로 존재하는 주체라는 의미다.

SMCU에서 ae, 즉 아바타는 하나의 실존이자 '또 다른 나'다. 사르트르의 실존을 언급함으로써 SMCU는 아바타가 단순한 캐릭터가 아닌 '또 다른 나'임을 표현하고자 했을 것이다. ae는 인간과 똑같은 하나의 실존이며, 그것은 나와 존재론적으로 동일시되는 주체다. 한마디로, SM의 메타버스 세계관인 SMCU에서는 아바타를 인간과 똑같은 존재로 본다는 얘기다.

SMCU에서 ae를 실존으로 본 것은 메타버스에서 아바타를 하나의 실존으로 보는 것과 같다. SMCU에서 ae는 또 다른 나이며 멤버들은 ae를 독립된 존재로 인정하고 상호작용하면서 성장한다. 마찬가지로 메타버스에서도 아바타는 단순한 게임 캐릭터가 아니고 또 다른 나이며, 나와 상호작용하면서 성상한다. 포트나이트의 '파티

그림 7 **SMCU에 등장한 실존주의**

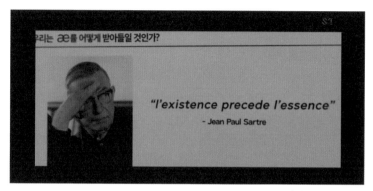

출처: 에스파 유튜브 채널

로얄 모드'에서는 BTS의 춤을 추며 음악을 즐길 수 있는데, 이것도 나와 아바타가 상호작용하는 것이라고 할 수 있다. 이는 아바타가 단순히 캐릭터에 그치는 것이 아니라 인간처럼 하나의 개별자로서 존재할 수 있음을 의미한다.

메타버스에서 주체성과 자유

• • • • •

메타버스를 실존주의 관점에서 좀 더 들여다보자. 앞서 사르트르의 실존주의를 설명하면서 개인의 자유, 책임, 주체성을 강조했다. 실존주의에서 강조하는 인간은 단순히 생각하는 주체가 아니라 행동하고 느끼고 살아가는 주체라고 했다. 실존주의에서 인간은 내 삶을 스스로 결정하는 자유로운 존재다. 메타버스에서도 중요한 철학은 '자유'다. 실존주의에서 강조하는 것처럼 메타버스에서도 정해진 세상을 사는 것이 아니라 자유롭게 선택하며 살아갈 수 있다. 로블록스, 마인크래프트Minecraft, 제페토ZEPETO에서 우리는 아바타를 이용해 자유롭게 소통하고 느끼고 행동할 수 있다. 메타버스 내에서 아바타, 건물, 옷 등 다양한 아이템과 세계관을 만들 수 있고 경제활동까지 할 수 있다. 기존의 인터넷과 비교해서 차세대 인터넷으로서 메타버스가 지향해야 하는 자유는 어떤 것일까?

메타버스에서 실존주의와 맞닿아 있는 자유는 두 가지다. 첫 번째는 메타버스 세계관 내에서 아바타의 자유다. 메타버스에서는 아바타를 이용해서 다양한 활동을 자유롭게 할 수 있다. 예를 들어 줌Zoom과 게더타운Gather town을 비교해보자.

줌은 회의할 때 오직 링크로 해당 시간에 참여한 사람들의 얼굴만 볼 수 있다. 채팅, 손 들기 등 가벼운 인터랙션interaction 기능이 있지만 그것도 회의에 참여했을 때만 가능하다. 하지만 게더타운에서는 줌보다 많은 행동을 할 수 있다. 원하는 시간에 접속해서 다른 사람들의 상태를 볼 수 있고, 언제든 동료 옆으로 가서 말을 걸 수 있다. 이뿐만이 아니라 혼자 있는 공간, 미팅하는 공간, 협업하는 공간을 선택할 수 있고 같이 게임을 할 수도 있다. 춤추기 등으로 내 감정을 다양하게 표현할 수 있고, 다른 아바타와 사진을 찍을 수

그림 8 **줌(위)과 게더타운(아래) 화면 비교**

출처: 위키피디아

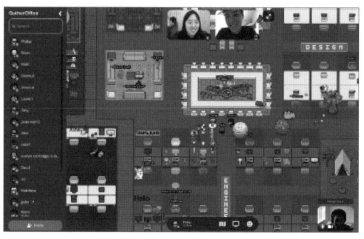

출처: 게더타운

도 있다. 메타버스 요소인 공간과 아바타를 이용함으로써 줌에서 느꼈던 불편함을 줄였고, 줌에서 할 수 없었던 경험들도 할 수 있게 됐다.

두 번째는 메타버스 세계관을 창조할 수 있는 사용자로서의 자유다. 메타버스 내에서 공간, 아바타, 각종 아이템, 콘텐츠를 생산할 수 있는 '창작creation'을 의미하며 이로써 메타버스를 무한히 확장할 수 있다. 메타버스의 초기 모습이라고 할 수 있는 로블록스나 마인크래프트의 특징 중 하나는 사용자들이 스튜디오에서 게임을 창조할 수 있다는 점이다. 제페토 스튜디오에서도 각종 월드(제페토 내의 공간)를 만들 수 있고, 아바타들이 입는 옷과 액세서리도 만들 수 있다. 공급자가 정한 대로 선택할 수밖에 없었던 기존의 인터넷과는 다르다. 사용자가 만들어낸 공간이나 아이템들을 활용해서 그 외 사용자들은 또 다른 경험들을 할 수 있는 다양한 선택지와 자유를 얻게 된다.

아바타로서의 자유와 사용자로서의 자유 모두 실존주의와 연관된 메타버스의 특징이자 철학이다. 메타버스에서 사용자들은 자유롭게 행동하거나 창작함으로써 기존에 인터넷 공간에서 느끼지 못했던 새로운 경험인 자유와 주체성을 느낄 수 있다.

요즘과 같은 디지털 세상에서는 온라인과 오프라인 중 어떤 것이 더 중요한지 구분하지 않는다. 특히 미래 주력이 될 Z세대는 더욱 그런 속성을 갖고 있다(세대별 특징에 대해서는 2장을 참조). 오프라인에서의 삶처럼 메타버스 세계에서도 개인의 주체성과 실존을 확인할 수 있기에 앞으로도 메타버스는 중요도가 더욱 높아지고 거대해질 것이다.

04 완전한 메타버스는 존재하는가

현재 '메타버스'라는 이름을 달고 나온 서비스 중 어느 하나를 집어서 '완전한 메타버스의 표본'이라고 하기는 어렵다. 그렇다면 메타버스는 어떻게 이해해야 할까? 메타버스의 몇 가지 속성을 살펴보면 그 성격을 이해할 수 있다.

특히 메타버스로 비즈니스를 하는 기업의 수장들은 메타버스의 속성을 이렇게 이야기한다. 세컨드라이프의 창업자이자 하이 피델리티High Fidelity CEO인 필립 로즈데일은 "인터넷은 정보화의 경험이자 개인의 공간이고 메타버스는 사회적인 공간"이라고 한다. 팀 스위니Tim Sweeney 에픽게임즈Epic Games CEO는 "사람들이 사회적 영향을 미치는 경제에서 경험을 만들고 공유하는 소셜 미디어"라고 한다. 국내 블록체인 투자사 해시드Hashed CEO인 김서준은 '진짜 메타버스와 가짜 메타버스'라는 글에서 메타버스를 "사회적social, 경제적creator economy 활동이 벌어지는 가상의 세계"라고 했다.

이 책에서는 메타버스의 특성을 다음의 여섯 가지로 정리하겠다. 메타버스의 속성을 이해한다면 메타버스를 두고 '3D, VR·AR과 헷갈린다' '기존 MMORPG랑 뭐가 다르냐' 하는 얘기는 더 이상 하지 않게 될 것이다.

경험이 이어지는 지속성

· · · · ·

지속성persistence은 메타버스 내에서 경험이 멈추거나 단절되지 않고 이어지는 것을 뜻한다. 메타버스 내 다른 공간으로 이동하거나 아예 다른 메타버스로 이동할 때 별도의 로그인 등 '멈추는 과정'을 필요로 하지 않는 것을 지속성이라고 한다. 예로, 로블록스 내에서 다른 게임을 할 때는 별도의 로그인 과정이 필요 없다. 하지만 제페토, 샌드박스 등 다른 플랫폼을 사용하려면 로그인 과정이 필요하다. 지속성은 이처럼 여러 플랫폼을 사용할 때도 하나의 계정으로 경험이 멈춤 없이 연결되는 것을 의미한다.

함께 있다는 느낌, 실재감

. . . . .

메타버스는 사용자들에게 '실시간으로 동시에 접속'되는 경험과 사용자들끼리 함께 있다는 느낌synchronicity, 즉 실재감presence을 제공한다(실재감에 대해서는 5장에서 자세하게 설명한다). 실재감은 '어딘가에 함께 존재한다는 느낌'을 의미한다. 주의할 점은 아바타나 공간이 반드시 3D일 필요는 없다는 것이다. VR은 가상현실이기 때문에 VR 헤드셋을 활용한 그래픽 경험이 필요하지만, 메타버스는 반드시 그래픽 경험일 필요는 없다. 예로, 하이 피델리티 서비스는 공간감 있는 오디오 기술을 활용하여 실재감을 제공한다. 3D 그래픽을 활용한 시각 기술이 아니라 청각 기술을 활용한 실재감인 것이다.

메타버스 게임 플랫폼 비머블Beamable CEO인 존 레이도프Jon Radoff는 "사람들이 메타버스를 3D로 생각하는데, 메타버스는 3D, 2D가 아니고 반드시 그래픽일 필요도 없다. 이는 물리적 공간, 거리, 객체에 대한 거침없는 탈물질화에 관한 것이다"라고 했다. 따라서 실재감을 위해서는 다양한 감각과 물리적 요소들을 가상 공간에 구현하는 것이 중요하다.

탈중앙화를 위한 개방성

• • • • •

개방성openness은 메타버스에 참여하는 사용자가 콘텐츠와 경험을 얼마나 자유롭게 생산할 수 있는지를 뜻한다. 개방성은 메타버스인지아닌지를 구분하는 중요한 요소 중 하나다. 지속성·동시성·실재감은 완전한 메타버스가 아닌 폐쇄적인 메타버스로 진화하고 있는 서비스도 가질 수 있는 요소이지만, 개방성은 탈중앙화를 지향하는'완전한 메타버스'만의 고유한 특성이다. 로블록스를 예로 들자면, 사용자가 아바타, 공간을 꾸미고 아이템을 제작하면서 게임을 만들어가는 행위를 개방성이라고 한다. 즉 사용자가 플랫폼에서 제공하는 콘텐츠를 단순히 소비하는 것을 넘어 능동적인 창작활동을 하며플랫폼이 확장되는 데 기여하는 것이다.

여기서 중앙화된 주체가 통제하는 시스템 안에 있지 않은 반면, 사용자가 창작한 콘텐츠나 경험 하나하나에 고유 권한을 포함시킴으로써 플랫폼사나 게임사가 개별 창작물을 임의로 변경할 수 없다. 블록체인 기술을 활용하여 창작물의 고유 권한을 인정하는 것인데, 창작자는 개인이 될 수도 있고 기업이 될 수도 있다. 예로, 로블록스는 로블록스의 통제하에 게임이나 아이템을 임의로 변경할수 있는 권한을 가지고 있다. 하지만 미시컬게임즈Mythical Games의 블랑코스 블록 파티Blankos Block Party에서 구찌Gucci가 만든 샤키BSharky B라는캐릭터는 게임 제작사인 미시컬게임즈가 변경할 수 없다.

플랫폼을 넘나드는 상호운용성

. . . . .

상호운용성interoperability은 '서로inter', '이용·작동이 가능하다operability'가 합쳐진 것이다. 즉, 개방성의 특징을 활용해서 A 플랫폼에서 만든 콘텐츠, 게임, 각종 아이템 등 창작물을 B 플랫폼에서도 사용할 수 있다. 예로, 제페토나 로블록스에서 만든 아바타는 다른 게임이나 플랫폼에서 사용할 수 없다. 하지만 상호운용성이 제대로 갖춰진 메타버스에서 제작된 아바타나 아이템은 다른 플랫폼에서도 사용할 수 있다.

상호운용성의 대표적인 사례는 '레디플레이어미Ready player me'라는 서비스다. 사용자들이 레디플레이어미에서 나만의 아바타를 제작하면 레디플레이어미와 제휴된 VR챗VRchat, 소미늄 스페이스Somnium Space 등 1,000여 개의 서비스에서 동일한 아바타를 사용할 수 있다. 레디플레이어미는 최근에 NFT 시장의 초기 선구자인 크립토펑크CryptoPunk와 협업해서 크립토펑크 NFT 아바타를 출시하기도 했다. 레디플레이어미에서 만든 크립토펑크 NFT 아바타를 통해 수많은 서비스에서 동일한 크립토펑크 아바타를 사용할 수 있다. 여기서 주목할 점은 레디플레이어미가 이미 1,000여 개의 메타버스 서비스 간에 상호운용성을 제공하기 때문에 각 메타버스 서비스 안에서 크립토펑크 아바타를 추가로 개발할 필요가 없다는 점이다. 블록체인 기술을 활용해서 상호운용성이 유지되기 때문에 하나의 NFT 아

그림 9 **여러 메타버스에서 사용할 수 있는 크립토펑크 NFT 아바타**

바타를 다른 플랫폼에서 사용할 수 있다. 상호운용성을 활용하면 로블록스에서 나의 취향과 정체성을 반영한 NFT 아바타를 제작한 뒤, 이 아바타를 제페토나 더샌드박스The Sandbox 등 다른 플랫폼이나 게임에서도 활용할 수 있다.

재화 생산과 판매, 경제 시스템

· · · · ·

가상세계가 가상에만 머물지 않고 현실에 영향을 주는 '또 다른 지구'가 되려면 경제 시스템economy system이 작동해야 한다. 경제 시스템을 구축한다는 것은 사람들이 인정하는 재화와 서비스를 생산할 수 있고, 그것을 소유하고 투자하고 판매할 수 있다는 것을 의미한다. 당연하게도 가상세계의 경제 시스템은 현실세계에도 영향을 줄 수 있어야 한다.

예로, 로블록스의 재화인 로벅스는 현실세계에서 사용할 수 없다. 하지만 더샌드박스에서 제작한 아바타는 이더리움Ethereum으로 구매할 수 있고, 그 이더리움은 달러나 원화로 변환할 수 있다. 이를 가능케 하는 것이 블록체인 기반의 NFTNon-Fungible Token 기술이다. 로블록스 화폐인 로벅스를 통제하는 주체는 로블록스 게임사이지만 더샌드박스의 화폐인 샌드SAND는 누구나 사용할 수 있는 이더리움 기반의 NFT다. 그뿐만이 아니라 더샌드박스에서 제작한 콘텐츠나 상품, 서비스는 세계 최대의 NFT 마켓플레이스인 오픈씨OpenSea 같은 곳에서 사고팔 수 있다. 마치 쿠팡이나 아마존에서 내가 좋아하고 필요한 물건을 사는 것과 같다.

현실세계에서 부동산 투자를 하는 것처럼 잠재력이 높은 가상 공간의 땅을 투자 목적으로 구매할 수도 있다. 아디다스Adidas는 자체 메타버스 공간을 구축하기 위해 더샌드박스의 '랜드LAND'를 구매했고, SM 역시 자사의 아티스트 및 음원을 전 세계에 확산할 목적으로 랜드를 구매했다.

이 다섯 가지 속성이 들어가야 완전한 메타버스 시스템이라고 할 수 있다. 이 속성들을 조합하면 또 하나의 삶의 공간으로서 가상 공간을 존재하게 할 수 있고 가상과 현실이 유기적으로 영향을 주고받게 할 수 있다. 하지만 가장 중요한 점은 기존과 다른 차별화된 고객 경험Customer Experience, CX을 제공할 수 있도록 메타버스 속성들을 설계해야 한다는 것이다. 단순히 기술적으로 우수한 메타버스를 만든다고 해서 무조건 성과가 나고 성공하는 것이 아니다. 우리 회사가 고객에게 어떤 경험을 제공하고자 하는지 그리고 고객은 무엇을 필요로 하는지 등 타깃을 면밀히 분석하고 고객 경험을 설정해야 한다. 또한 메타버스 구성 요소가 고객 경험과 어떻게 연결될 수 있는지 파악한 후, 그것을 극대화할 수 있는 방향으로 설계해야 한다. 그 고객 경험이 기술과 만났을 때 시너지가 폭발하여 완전한 메타버스가 구현될 수 있다.

그러기 위해서는 비대면 시대에 왜 메타버스가 유행하게 되었는지, 시장과 고객의 변화는 무엇이었는지를 이해하고, 메타버스 구성 요소와 생태계를 이해할 필요가 있다. 그리고 성공한 메타버스 비즈니스들이 어떤 비즈니스 모델과 차별화된 고객 경험을 제공했는지도 분석해보아야 한다. 그래야 고객들과 함께 호흡하며 진정한 메타버스를 구현할 수 있다. 다음 장에서는 고객과 시장의 변화부터 알아보자.

2장

메타버스가 '갑자기' 등장한 이유

01

Z세대와
알파세대의 등장

모든 트렌드는 그 자체보다 등장한 이유와 맥락이 중요하다. 맥락은 하루아침에 생겨나지 않는다. 따라서 메타버스가 갑자기 등장한 것처럼 보이지만, 사실은 그렇지 않다. 메타버스가 화두로 떠오른 데에도 코로나 확산, 디지털 라이프의 변화 등 많은 이유가 있다. 여기서 더 깊게 들어가 보면 4차 산업혁명에서 그 기원을 확인할 수 있다.

4차 산업혁명 이후 우리 삶에서는 디지털의 비중이 계속해서 커졌다. 본래는 오프라인 공간을 중심으로 사람들이 모였는데 온라인 모임으로 무대가 옮겨졌다. 기술의 발전과 어디서든 접속해서 만날 수 있다는 편리함 덕분에 많은 사람이 서로의 취향, 개성에 따라 온라인 커뮤니티로 모여들었다. 그 속에서 취미를 나누고, 게임을 하고, 채팅도 하며 시공간의 제약 없이 편리하게 서로가 연결되었다.

그런 움직임은 계속해서 커졌고, 자연스럽게 오늘날 가상세계의 결정체인 메타버스의 부흥으로 이어졌다. 메타버스라는 가상 공간에서 사람들끼리 모여 이야기하고 취미를 나누는 등의 활동을 기존 SNS나 웹사이트보다 자유롭고 생생하게 체험할 수 있기 때문이다. 특히 세대로 봤을 때는 Z세대와 알파세대의 등장이 메타버스의 확산에 불을 지폈다고 할 수 있다. 이들은 누구이며 어떤 특징을 갖고 있을까?

디지털 환경에서 자란 Z세대와 알파세대

· · · · ·

Z세대(제트세대)는 1995~2010년에 출생한 이들을 일컫는다. 이 세대는 디지털 서비스가 태동하는 시기에 출생했기에 디지털 네이티브digital native의 시초이고, 말 그대로 디지털 환경에서 자랐다. 또한 1997년 IMF 시기에 태어났고 2008년 서브프라임 모기지 사태를 겪으면서 언제든 경제가 붕괴될 수 있다는 사실을 인지하고 있다. 이는 '내가 열심히 해도 다른 요인 때문에 그간 이룬 것들이 무너질 수 있다'는 생각으로 이어졌고, 그래서 다른 누군가에게 기대거나

따라가기보다는 '나와 현재를 중시하는 삶'을 살아간다.

이런 주체성 덕분에 본인들의 소비 관념에 맞는다면 스스럼없이 명품을 구매하는 행위인 플렉스Flex 문화나 미래보다 오늘 하루를 어떻게 보낼지 더 중요시하는 욜로You Only Live Once, YOLO 문화를 주도하기도 했다. 이렇게 소비와 생활 측면에서는 눈앞의 현실에 집중한다. 또한 환경, 공정 윤리 등을 중요시하여 친환경, 인권운동에도 앞장서기도 한다. 취향과 생각이 뚜렷하며, 타인의 시선을 의식하기보다는 나의 본모습과 주관을 드러내는 데 거리낌이 없다. 이후에 태어난 알파세대 역시 자연스럽게 이 환경을 보며 자라게 됐다.

알파세대generation alpha는 2010~2024년에 태어나는 이들이며, 밀레니얼세대의 자녀다. 알파세대는 디지털 시대만 경험해봤고, 아날로그 시대를 제대로 경험한 적이 없다. 디지털 세상에 익숙하다 보니 화려한 그래픽 등 시각적 자극에 민감해 구글, 네이버 등 웹사이트에서 텍스트를 검색하기보다는 유튜브 같은 동영상 웹사이트를 활용하여 검색한다. 또한 디지털 기계를 다루고 소통하는 데 익숙해 각종 인공지능의 보이스 기능을 자연스럽게 사용한다. 이들에게 집중해야 하는 이유는 2025년 20억 명으로 예상되며, 앞으로 전 세계 인구의 25% 이상을 차지할 것으로 전망되기 때문이다.

Z세대와 알파세대를 합쳐 일컫는 용어가 제트알파세대다. 이들은 디지털 환경에 최적화된 세대라고 이해하면 되겠다. 그럼 기존 X세대, Y세대와 어떤 점이 다를까? 앞의 내용을 기반으로 기존 세

표 2 세대 비교표

구분	X세대	Y세대(밀레니얼 세대)	Z세대와 알파세대
출생 연도	1965~1979년	1980~1994년	1995년 이후
미디어 이용	디지털 이주민	디지털 유목민	디지털 네이티브
성향	물질주의, 경쟁사회	세계화, 경험주의	현실주의, 윤리중시
주요 사건	고도경제성장, 문화 1세대	3저 호황, IT붐 1세대	IMF 금융위기, 세계금융위기
주 사용 서비스	워크맨, PC통신, 휴대전화	싸이월드, 페이스북, 인스타그램, 스마트폰	로블록스, 유튜브, 틱톡, 스냅챗

대와 다른 점을 정리하면 〔표 2〕와 같다.

기존 X·Y세대와 달리 Z세대와 알파세대는 성장기에 굵직한 사건을 겪었다. 또한 동영상 또는 게임 기반의 소셜 서비스를 사용한다는 것도 주요한 특징이다.

Z·알파세대는 왜 메타버스에 열광할까

· · · · ·

앞서 Z세대와 알파세대의 특징을 간단히 알아봤다. 그럼 이들은 왜 로블록스나 제페토 등 가상세계, 나아가 메타버스에 열광하는 것일까? 크게 다섯 가지 이유를 들 수 있다.

디지털 네이티브

Z세대와 알파세대는 일명 디지털 네이티브다. 태어날 때부터 성장기까지 디지털 환경에 속했기에 각종 디지털 기기와 인터넷 경험에 익숙하다. 텍스트로 된 문서 형태의 콘텐츠보다는 영상으로 되어 있는 시각적 경험이 강한 콘텐츠를 선호한다. 빠르게 넘어가는 디지털 문서의 형태에 익숙하다 보니 새로운 기술이 등장했을 때도 어렵지 않게 금세 적응한다.

5G의 등장, 인공지능 기술의 고도화 등 가상과 현실을 분간하기 어려운 기술도 이들은 즐겁게 소비하며 일상에서 자연스럽게 이용한다. 예를 들면 인공지능으로 만들어진 가상 친구와 서슴없이 대화하고, 3D로 구성된 가상세계에 접속하여 전 세계에 있는 다양한 친구들을 만나 사귀고 어울려 논다. 따라서 가상세계로 구성되어 있고, 사람들과 이야기하고, 내 아바타를 꾸미고, 이미지 경험이 가득한 메타버스에도 자연스럽게 적응한다.

코로나 경험과 팬덤 커뮤니티 조성

2019년 말부터 코로나바이러스 확산으로 전 세계가 빗장을 걸어 잠갔다. 남녀노소를 불문하고 근무, 수업, 교류 활동까지 온라인으로 진행됐다. 기존 세대가 오프라인 중심으로 향유하던 문화가 온라인으로 전환됐고, 이에 Z세대와 알파세대는 온라인에서 새로운 친구들을 사귀고 만나는 것이 일상이 됐다. 온라인이 세상을 볼 수 있는 유일한 문이 되면서 Z세대와 알파세대는 자신과 비슷한 취향을 가진 수많은 온라인 커뮤니티를 자연스럽게 접하며 스스로 커뮤니티를 새롭게 결성하기도 했다.

자연스럽게 커뮤니티는 '팬덤'을 기반으로 운영되기 시작했다. 기존에는 커뮤니티가 큰 갈래로 나뉘어져 있었지만, 이제는 분야가 더 세분화되었다. 그런 커뮤니티에서는 자신들이 추구하는 방향과 생각이 일치하는 크리에이터를 팔로우하며 집단으로 팬덤 활동을 하기도 한다. 즉, 결이 비슷한 '사용자 집단군'이 형성됐고, 이들은 디지털 공간에서 각각 하나의 세계를 만들게 됐다.

레퍼럴 마케팅의 성공

보통 커뮤니티가 조성되기까지 길게는 3~5년 정도가 걸린다. 그러나 앞서 말했듯 코로나로 인해 온라인 커뮤니티가 어느 때보다 빠르게 성장했으며, 특히 Z세대와 알파세대는 자신과 취향이 비슷한 친구를 커뮤니티에 초대하면서 친구들을 온라인으로 빠르게 끌어들였다. 이에 다양한 서비스에서는 사용자를 늘리기 위해 레퍼럴[4] 마

---

4 refferal, 인터넷에서 사람이 이동할 때 그 경로를 추적·참조할 수 있게 하는 정보. 사람의 발자국 같은 거라고 생각하면 된다.

케팅, 즉 '친구와 함께 플레이하기' 또는 '콘텐츠 이어보기' 등의 장치로 서비스 다운로드 및 확산을 유도했다. 레퍼럴 마케팅에 Z세대와 알파세대는 제대로 반응했고, 여러 메타버스 서비스는 확장의 기회를 삽을 수 있었다.

게이미피케이션

Z세대와 알파세대는 빠르게 익히고 소비하는 디지털 경험이 기본으로 장착되어 있기에 서비스를 사용하는 데 있어서 지루함을 잘 느낀다. 따라서 중간중간 새로운 장치가 필요하다. 그래서 등장한 것이 게이미피케이션[5]이다. 이를 최근 출시한 다양한 앱 서비스에서 확인해볼 수 있는데 대표적으로 앱 튜토리얼, 친구 초대 레퍼럴 페이지, 성과별 배지·등급 시스템 등을 들 수 있다. 이렇듯 Z세대 및 알파세대 사용자에게 신선한 경험을 계속 제공하는 것이 중요한데, 메타버스 서비스가 이런 성격을 갖고 있기에 더욱 주목을 받았다고 할 수 있다.

돈 버는 방식의 다양화

Z세대 및 알파세대는 다양한 방법으로 돈을 벌 수 있게 됐다. 예

---

5 gamification, 게임이 아닌 분야에서 지식 전달, 행동 및 관심 유도 또는 마케팅 등에 게임의 메커니즘이나 사고방식과 같은 게임의 요소를 접목하는 것

전에는 정보 전달의 한계 탓에 온·오프라인 아르바이트나 돈을 벌 방법들을 소수만 독점하는 경향이 있었다. 그러나 인터넷의 발달로 정보가 범람하면서 누구든 마음만 먹으면 학습을 통해 돈을 벌 수 있는 구조가 됐다.

과거에 편의점 아르바이트나 전단 나눠주기 등이 있었다면, 요즘에는 학업 등을 병행하면서 단기간에 할 수 있는 일거리들이 생겼다. Z세대와 알파세대는 구매하고 싶은 무언가가 있거나 돈이 필요할 경우. 타인의 눈치를 보거나 주저하지 않고 적극적으로 돈을 번다. 특히 메타버스에는 Z세대와 알파세대가 좋아하는 콘텐츠를 생성하거나 그 안에서 '놀면서' 돈을 벌 가능성이 있음과 동시에 나를 드러내고 유명해질 수 있으니 더욱 열광하는 것이다.

이들에게 메타버스는 단순히 SNS나 재미만을 주는 게임이 아니라 하나의 디지털 공간에서 사회성을 형성하고 돈을 벌 수 있는, 현실과 크게 차이가 없는 공간이다.

디지털 휴먼이 인기 있는 이유

• • • • •

특히 Z세대와 알파세대는 가상 인플루언서, 즉 디지털 휴먼digital human에 열광한다. 디지털 휴먼이란 실제 사람처럼 생기고, 사람처럼 행동하는 가상 인물을 뜻한다. 왜 이 세대는 디지털 휴먼에 관심을 갖는 걸까? 단순히 디지털에 익숙한 세대라 그런 걸까? 실제 사람도 아닌데 왜 팬이 되는 걸까? 이들이 메타버스의 구성 요소 중 하나인 디지털 휴먼(즉, 아바타)에 열광하기에 메타버스가 더욱 확산될 수 있었다. 유명 가상 인플루언서인 릴 미켈라Lil Miquela를 예로 들면 다음의 세 가지 요소를 꼽을 수 있다. 릴 미켈라의 SNS 게시물당 광고비는 약 1,000만 원으로, 연간 130억 원을 벌어들일 만큼 영향력이 크다.

'영원한 19세' 페르소나

릴 미켈라는 '영원한 19세'라는 페르소나로 디자인된 디지털 휴먼이다. 기본적으로 사회문제에 관심이 많고, 화려하게 꾸미는 것보다 자연스러운 본연의 모습을 강조하며, 타인의 시선보단 온전한 나의 취향을 옷·노래·콘텐츠 등으로 풀어낸다. '요즘 젊은 세대'인 Z세대의 특성을 고스란히 반영했다고 할 정도로 이들과 비슷한 성격 및 취향을 갖고 있다. 아무리 인기 있는 연예인이라도 사람은 나이가 들면서 취향이나 관심사가 바뀌기 마련이지만, 릴 미켈라는 평생을 19세로 살기 때문에 해당 연령층에 맞춰 성향을 수정할 수 있기에 변함없이 소통할 수 있다.

SNS 특성을 고려한 소통

릴 미켈라는 Z세대 타깃 플랫폼인 틱톡TikTok, 스냅챗Snapchat, 인스타그램Instagram에서 각 SNS의 '문맥'에 맞는 콘텐츠로 소통한다. 숏폼 플랫폼인 틱톡에서는 문답 영상을 만들어 업로드하고, 인스타그램에서는 유명인과 함께 찍은 게시물을 업로드하여 사용자들의 눈길을 끌곤 한다. 스냅챗이나 인스타그램 스토리를 활용해서는 실시간 질문이나 본인의 남자친구와 관련된 이야기를 한다.

여느 10대 인플루언서와 다를 것 없이 좋아하는 브랜드를 태그하여 스타일링 게시물을 올리기도 한다. 최근 들어 Z세대가 가장 자주 겪고 많은 관심을 갖고 있는 각종 사회문제에 대한 이야기도 한다. 이렇게 Z세대가 흥미있어할 만한 콘텐츠를 직접 만듦으로써 그들의 취향을 이해하고 소통할 수 있는 확실한 팬층을 확보했다.

즐길 수 있는 IP 생산

보통의 인플루언서와 마찬가지로, 릴 미켈라 역시 본인의 가치를 활용해서 부수적인 IP(지적재산권)를 생산한다. 대표적으로 오리지널 콘텐츠, 음악 디지털 예술 작품 등이 있다. 한 예로 스포티파이Spotify에 10곡의 음원을 배포했는데, 40만 회 이상 스트리밍됐고 10만 명 가까운 청취자가 있다. 그 밖에도 미국 내 75%의 MZ세대가 쓰는 메신저 서비스 스냅챗에서는 'Get Real Miquela'라는 본인만의 오리지널 쇼를 론칭하여 인생, 음악, 사랑 등에 대한 주제로 소통하고 있다. 최근에는 NFT를 기반으로 한 디지털 아트워크를 디자인하여 경매에 올렸으며, 'Club 404'라는 어패럴apparel 브랜드를 론칭하여 개성이 묻어나는 옷을 판매하기도 했다.

현실세계에 없음에도 Z세대의 우상이 된 릴 미켈라는 현존하는 디지털 휴먼 중 가장 큰 영향력을 행사하는 인플루언서 중 하나다. 복합적인 이유가 있겠지만, 릴 미켈라만의 세계관을 구성해서 Z세대의 주목을 받고 IP 생산이 가능하다는 점에서 큰 인기를 끌고 있다.

02

라이프 스타일의 변화와
기술 진화

Z세대 및 알파세대의 등장과 코로나의 영향으로 우리 현실에서 디지털의 비중이 더 커지고 디지털 경험도 달라졌다. 즉, '디지털 라이프'의 모습이 변화하고 있다. 물론 이는 기술의 진화에서 비롯된 것들이지만, 어느 하나가 먼저 튀어나온 것이라고는 할 수 없다. 동시다발적으로 생겨난 변화들이 메타버스라는 거대한 하나의 세계를 만든 것이다. 변화한 디지털 라이프에 따라 소통 방식과 콘텐츠 이용 방식 등이 어떻게 변했는지, 왜 메타버스가 가속화되고 있는지 알아보자.

메타버스 비즈니스 승자의 법칙

부캐 트렌드, 디지털 휴먼의 확산

· · · · ·

2021년 7월 롯데백화점에는 '김갑생할머니김' 팝업스토어가 열렸다. 5월에 출시된 김갑생할머니김이 단기간에 롯데백화점 매대를 차지한 것이다. '세계인들의 밥상에 김갑생할머니김을 올리겠다'는 꿈을 실현해가고 있는 김갑생할머니김 기업의 미래전략실의 중심에는 이호창 본부장이 있다. 그는 뉴욕대학교, 줄리아드 스쿨, 프린스턴대학교를 나온 수재이자 시가총액 500조 기업의 재벌 3세다. 화려한 스펙을 자랑하는 이호창 본부장은 실제 인물이 아니다. 유튜브 채널 '피식대학' 소속 개그맨인 이호창이 자신의 부캐로 설정

그림 10 **유튜브 세계관 속 상품이 오프라인 세상에 나오다: 김갑생할머니김**

출처: 샌드박스네트워크 공식 웹사이트

한 인물이다.

이처럼 2020년 초반에 등장한 유재석의 부캐 '유산슬'부터 개그맨 김신영의 부캐 '둘째 이모 김다비' 등 부캐가 인기를 끌고 있다. 하지만 부캐는 단순히 대중이 소비하는 콘텐츠에만 머무르지 않는다. 요즘 많은 직장인이 유튜브 브이로그vlog를 하거나, 책을 쓰고 강연을 하는 등 여러 부캐를 가진 N잡러의 삶을 살고 있다. 내가 가진 하나의 모습을 넘어 나의 여러 가지 모습을 추구하고자 한다. 퍼스널 브랜딩과 관련한 책과 강연이 인기를 끄는 것도 같은 맥락이다.

사람들은 나를 위해 과거보다 훨씬 더 많은 시간과 돈을 쓰고, 여러 활동으로 나를 드러내고자 한다. 이것은 앞서 언급한 실존주의부터 메타버스로 이어져 오는, '또 다른 나'를 드러내고 싶어 하는 욕망이라고 할 수 있다. 물론 이런 현상의 이면에는 연장된 수명 대비 이른 은퇴, 코로나 혹은 각종 질병으로 갑자기 생을 마감할 수도 있다는 두려움 등 복합적인 요인이 작용하고 있긴 하다.

최근 인기를 끌고 있는 부캐가 가상 세계관 및 현실과 결합하게 되면 디지털 휴먼이 된다. 디지털 휴먼에는 앞서 언급한 릴 미켈라 외에도 로지, 리아, 루시 등이 있다. 특히 로지는 싸이더스스튜디오엑스가 만든 국내 최초의 가상 인플루언서이며, 신한라이프 광고 영상으로 대중에게 알려졌다. 디지털 네이티브인 Z세대와 알파세대를 필두로 현실 부캐, 나아가 가상 부캐의 인기는 날로 치솟고 있다.

기업이 비즈니스를 할 때도 디지털 휴먼은 좋은 도구 중 하나다.

그림 11 **신한 라이프 광고를 촬영한 가상 인플루언서 로지**

출처: 신한라이프 공식 유튜브

브랜드가 특정 인물에게 의존할 경우 사건·사고로 인해 그에게 발생하는 리스크 역시 떠안아야 한다. 물론 계약을 해지함으로써 관계를 끊기도 하지만, 브랜드 이미지에 가해지는 타격은 이후로도 지속될 수 있다. 오랜 시간과 많은 인력 그리고 높은 비용을 들여 유명인을 섭외하더라도 논란과 사고 때문에 공들여 키워온 브랜드 가치가 훼손될 수 있다. 이런 니즈와 함께 Z세대 및 알파세대 등장, 디지털 기술의 발전, 메타버스의 태동으로 디지털 휴먼의 인기를 만든 것이다.

디지털 휴먼은 기존 게임에서 볼 수 있었던 NPC[6]와 달리 인격 구축을 위해 인공지능 기술이 탑재되어 사람과 소통이 가능하거나,

인간과 거의 동일한 모습을 보이기 위한 CG_{Computer Graphic}, VFX_{Visual} _{Effects} 효과를 입힌 실사에 가까운 캐릭터다. 현재까지 등장한 디지털 휴먼의 유형은 네 가지로 나눌 수 있다(표 3 참조).

디지털 휴먼을 분류하는 기준은 소통 방식이다. 디지털 인플루언서는 브랜드 또는 타깃을 고려하고 만들어져 짜인 각본에 의해 행동하며, 디지털 더블은 사람의 행동과 아이덴티티가 같이 엮여서 표현된다. 정보 전달자는 사용자가 요구한 명확한 정보를 전달하는 역할을 하며, 개인 전달자는 상대방의 대화와 패턴을 학습하여 개인에게 최적화된 요구사항을 수행한다.

표 3 디지털 휴먼의 분류

분류	디지털 대변인 virtual human	디지털 더블 digital double	정보 전달자 information assistant	개인 전달자 personal assistant
소통 방식	브랜드 또는 특정 페르소나를 대변해 소통하는 매개체	사람이 행동하고 이를 디지털 휴먼을 통해 출력하는 수단	사용자가 요구하는 사항 및 정보를 전달하는 역할	사용자의 개인 데이터를 기반으로 적합한 감정을 들어주며 지원하는 역할
예시	수아, 루이, 래아, 로지, 이마, 릴 미켈라	에스파, 코드미코, 아포키, K/DA	시리, 김주하 아나운서, 클로바	이루다, 레플리카

---

6 Non-Player-Character. 사람이 직접 조작하지 않는, 프로그래밍된 캐릭터

디지털 휴먼의 사례를 보자. 에픽게임즈에서 발표한 메타휴먼Meta-human이라는 디지털 휴먼 크리에이터 프로젝트가 있다. 사용자가 홍채의 색깔부터 얼굴까지 다양하게 꾸밀 수 있을뿐더러 얼굴 인식 기능을 통해 가상세계에서 나의 얼굴 움직임으로 활동할 수 있다. 이렇듯 아바타와 진짜 사람을 구분하기 어려울 정도로 VFX 기술이 발전했다.

최근에는 모델 에이전시가 디지털 휴먼과 매니지먼트를 계약을

표 4 디지털 휴먼과 일반 모델의 차이점

종류	디지털 휴먼	유명인 · 인플루언서
근무	365일(주 7일, 하루 24시간)	법정 최대 근무 시간 준수
감정	없음	있음
관리	프리셋[7]	매니저
전달력	일정함	상이함
이동 시간	없음	있음
리스크	없음	있음
필요 인력	5인 내외	5인 이상

7 preset, 기재(機材)의 동작 상태, 악기의 음색 등을 미리 설정하는 것을 가리킨다. 키보드의 톤 실렉터나 이팩트 모드 스위치 등으로, 그 내용을 설정해 놓는 것을 프리셋이라고 한다.

체결해 기업 광고나 소셜 계정 매니지먼트를 대행하기도 한다. 그렇다면 실제 사람을 채용하는 것과 디지털 휴먼을 사용하는 부분에서 어떤 점이 다를까?

〔표 4〕와 같이 디지털 휴먼은 5인 내외의 인력만 있으면 얼마든지 내가 원하는 '이상적인' 모델을 구축하면서, 구설에 오를 일도 없고 평생 일할 좋은 노동력을 만들어낼 수 있다. 전통적으로 수행했던 모델을 선정하고 촬영하는 프로세스가 확연히 줄어들면서 광고 캠페인만 진행하면 되기에 비용이 절감되고, 회사 입장에서도 지속 가능한 대표 이미지를 만들어낼 수 있으니 안전하다. 매니저를 따로 둘 필요도 없고 전달력도 기복 없이 일정하다. 디지털 휴먼을 잘 응용한 사례로는 인플루언서 릴 미켈라가 대표적이다.

릴 미켈라처럼 페르소나를 설정하여 고객에게 접근하는 디지털 휴먼이 있는가 하면, 전혀 다른 일방적인 정보 전달의 수단으로 활용되는 디지털 휴먼도 있다. 대표적으로 일본에서 시작한 '이마'[8]라는 가상 인플루언서가 있다. 30만 이상의 팔로워를 보유하고 있으며 버버리Burberry, 이케아IKEA 등의 회사들과 광고를 찍었다. 릴 미켈라와 달리 페르소나를 설정하기보다는 '모델'이라는 데 초점을 두고 만들어졌다.

이마는 2020년 이케아 하라주쿠점에서 이케아의 오프라인 광고

---

8 Imma, 일본어로 'いま(今)', 즉 '지금'이라는 뜻이다.

를 진행하기도 했다. 매장 내부에 공간을 꾸며놓고 빔프로젝터로 이마가 생활하는 모습을 24시간 내내 홀로그램처럼 투영하여 보여주는 것이었다. 이를 통해 고객은 한 공간에서 디지털 휴먼이 직접 활동하는 모습을 보고 '내 생활에 어떻게 적용될 수 있는지 생생히 체감할 수 있어' 자연스럽게 가구 구매로 이어졌다고 한다. 만일 실제 모델을 섭외했다면 오프라인 공간에서 24시간 대기한다는 아이디어는 상상도 못 했을 것이다.

현실이든 가상이든 부캐는 개인이나 기업 모두에 긍정적인 영향을 미친다고 볼 수 있다.

콘텐츠 이용 방식의 변화

· · · · ·

최근 들어 많은 이들은 '나'를 표현하고 나타내는 데 주저하지 않는다. 개인의 취향과 영향력을 표현하기 위한 적극적인 수단도 많아졌다. 대표적인 사례가 틱톡이다. 인터넷 트래픽을 추적하는 클라우드 업체인 클라우드플레어CloudFlare에 따르면, 틱톡은 2021년 전 세계 사람들이 가장 많이 방문한 사이트 1위에 올랐다. 2020년에는 7위였던 틱톡이 그간 줄곧 1위를 차지한 구글을 제친 것이다.

틱톡이 1위에 오른 이유는 다양하다. 짧은 영상에 열광하는 콘텐츠 소비 행태의 변화도 있지만, 무엇보다 콘텐츠를 직접 생산하고 싶어 하는 이들의 니즈를 충족시켜줬기 때문이다. 틱톡은 스마트폰 하나로 촬영부터 편집, 업로드까지 간편하게 할 수 있다. 나만의 콘텐츠를 생산하고 싶어 하는 사용자들이 누구나 쉽게 콘텐츠를 제작할 수 있게 한 것이다. 콘텐츠 소비를 넘어서 콘텐츠를 창작하고 공유하고자 하는 사용자들의 적극적인 콘텐츠 이용 행태 변화에 잘 대응했다고 볼 수 있다.

로블록스와 제페토가 성장한 것도 콘텐츠를 창작하고자 하는 니즈를 잘 충족했기 때문이다. 로블록스와 제페토 크리에이터는 다양한 활동을 통해 많은 수익을 올리고 있다. 로블록스 개발자 950만 명은 4,000만 개의 게임을 만들어 약 1억 달러(약 1,204억 원)의 수익을 발생시켰다. 2020년에만 억대 수익을 거둔 사람이 300명을 넘었다. 제페토의 '슈퍼크리에이터'인 1995년생 렌지Lenge는 월평균 1,500만 원 이상을 벌어들이고 있으며, 렌지드LENGED라는 회사까지 차렸다. 이는 그저 콘텐츠를 혼자 수용하고 일방적으로 받아보는 게 아니라 스스로 콘텐츠를 생산해내는, 보다 적극적인 콘텐츠 이용 방식이라고 할 수 있다.

서비스 이용 방식의 변화
· · · · ·

콘텐츠 이용 방식을 넘어 우리가 매일 쓰고 있는 서비스, 상품, 브랜드를 이용하는 방식도 달라졌다. 좋은 상품이라면 내가 적극적으로 '찐팬'이 되어 그 상품의 좋은 점을 널리 알리고자 한다. 좋은 상품, 착한 가게에 대해서 돈으로 혼낸다는 '돈쭐'내는 행태도 고객들의 적극직인 모습이 반영된 사례. 2021년 초, 가정 형편이 어려운 형제에게 무료로 치킨을 준 치킨집의 미담이 세상에 알려졌을 때, 전국 각지의 사람들이 치킨을 안 먹어도 되니 어려운 아이들을 도와주라고 주문하면서 응원 메시지를 보내기도 했다.

과거에 서비스·상품·브랜드를 이용하는 행태가 소극적이었다면, 이제는 서비스의 창작과 지원에 적극적으로 동참함으로써 나의 영향력을 드러낸다. 또한 상품, 브랜드를 소비할 때도 마치 내가 영업사원인 것처럼 브랜드를 알린다. 이전에는 내가 좋아하는 서비스나 상품이 있으면 그것을 반복 이용하거나 구매하는 데 그쳤지만 이제는 영향력을 행사하기 위한 활동을 하는 것이다. 내가 상품이나 브랜드를 키운다는 '팬슈머'[9]도 그런 맥락에서 탄생한 단어다.

메타버스에는 나의 영향력을 드러내고 알릴 수 있는 다양한 방식이 있다. 대표적인 사례가 더샌드박스다. 로블록스와 제페토에서도 게임 내 크리에이터 툴을 이용해 다양한 패션 아이템을 만들거나 게임을 만들어서 실제 창작 활동을 할 수 있고 수익 활동도 할 수 있다. 더샌드박스에는 창작자들이 영향력을 가지게 하는 특징들

---

9 fansumer, '팬(fan)'과 소비자라는 뜻의 '컨슈머(consumer)'를 합성한 말

이 몇 가지 더 있다. 만들어진 게임이나 아이템에 대한 운영 권한이 게임사에 있지 않고 창작자들에게 있다. 그리고 더샌드박스 내에서 만든 게임과 아이템은 NFT 기반이기 때문에 쉽게 사고팔 수 있으며, 다른 게임에서도 사용할 수 있다. 콘텐츠를 적극적으로 창작하면서 창작자의 영향력을 극대화하는 방향으로 발전하고 있다. 창작자의 영향력 측면에서는 더샌드박스가 로블록스, 제페토보다 영향력이 더 크다는 뜻이다. 적극적인 서비스 이용방식의 변화는 메타버스의 성장을 앞당길 수 있다.

온·오프라인을 넘나드는 경험의 증가

• • • • •

요즘은 여가를 즐기는 것뿐만 아니라 공부하고 일하고 운동하는 것도 모두 온라인에서 할 수 있다. 교육 플랫폼 클래스101class 101에서는 전문가와 소통하면서 공부나 취미 생활을 즐길 수 있다. 줌이나 구글미트로 업무를 진행하고, 펠로톤Peloton 서비스를 이용해서 함께 운동한다.

이처럼 온라인이라 실제로는 서로 떨어져 있지만 함께 있다는 느낌이 들게 하는 서비스들이 늘고 있다. 예를 들어 구루미Gooroomee 서비스는 도서관에서 함께 공부한다는 느낌을 주기 위해 카메라를 켜고 서로 공부하는 모습을 실시간으로 공개한다(일명 '캠스터디').

그림 12 **함께 공부한다는 느낌을 주기 위한 구루미 서비스**

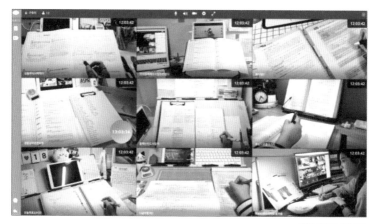

출처: 구루미 웹사이트

2022년 2월 기준으로, 2019년 대비 매출이 10배 성장한 것만 봐도 이 현상이 단순히 유행은 아님을 알 수 있다.

온라인에서 디지털 콘텐츠에 대한 경험 강화도 변화의 한 축이다. 사용자들은 크립토펑크나 BAYC_{Bored Ape Yacht Club}의 NFT를 수억 원에 구매하거나 아티팩트_{RTFKT}의 가상 운동화를 1억 원 가까운 돈을 주고 구매한다. 모두 오프라인을 넘어 온라인에서 나의 정체성을 보여주고 아이템을 자랑하고자 하는 심리가 반영되어 있다. 이는 더 이상 온라인 가상 공간이 오프라인을 보조하는 공간이 아니라 오프라인만큼 중요한 공간이며, 우리가 이 두 공간을 넘나들면서 살아간다는 것을 의미한다.

온라인 공간에 대한 경험 강화나 온·오프라인을 넘나드는 경험은 갈수록 더 중요해질 것이며, 이는 온·오프라인을 이어주고 가상 공간의 삶을 살도록 도와주는 메타버스와 맞닿아 있다. 앞으로 사람들은 이벤트가 있을 때마다 메타버스에 접속하고 끝내는 것이 아니라 늘 거주하면서 오프라인과의 연결을 강화할 것이다. 따라서 메타버스 비즈니스를 계획하는 입장이라면, 목적과 상황에 따라 온·오프라인을 쉽게 넘나들 수 있는 경험을 제공해야 할 것이다.

〈AI저널AI journal〉 창업자인 톰 앨런Tom Allen은 사회학자인 레이 올든버그Ray Oldenburg의 말을 인용해 메타버스를 다음과 같이 정의했다. "메타버스는 제1의 공간인 집, 제2의 공간인 직장 사이에서 우리가 여가를 보내고 사람들과 소통하는 제3의 중요한 공간이다."

METAVERSE
WINNER
TAKES ALL

2부

메타버스 비즈니스 시작하기

METAVERSE WI

글로벌 기업의 각축전, 메타버스 경쟁 속에서 어떻게 최고의 메타버스를 구현할 수 있을까? 2부에서는 메타버스 비즈니스를 성공시키기 위한 전략을 담았다. 메타버스의 필수 구성 요소와 그 기획 과정부터 자세히 설명한다. 또한 최신 기업 사례로 비즈니스 인사이트를 제시한다. 이미 서비스하고 있는 제페토를 통해 영리하게 고객을 공략한 CU편의점, 크리에이터와 콜라보로 고객 경험을 차별화한 구찌, NFT 커뮤니티와 협업하고 있는 아디다스 등 케이스스터디를 통해 실무자에게 실리적이고 현실적인 조언을 전한다.

기업마다 비즈니스마다 적용해야 하는 방식은 다르다. 우리 기업의 서비스를 잘 알리기 위해 어떻게 메타버스를 활용하고 구축해야 하는지 체계적으로 정리해놓았다.

3장

메타버스 세계를
이루는 요소들

01

나를 표현하라: 아바타

기본적으로 메타버스에서는 '나'라는 정체성을 표현할 수 있는, 즉 코스튬이 가능한 아바타가 있어야 한다. 앞서 나왔듯, 메타버스에서는 또 다른 나를 표현하기 위해 아바타를 활용한다. 나를 더욱 정교하게 내세우기 위해 아바타를 세심히 꾸미고, 새로운 인터랙션을 줄 수 있는 아바타에 환호하기도 한다. 아바타는 메타버스에서 나의 개성을 표출할 수 있는 하나의 수단이다. 누군가는 우상의 얼굴을 그대로 아바타로 활용하기도 하고 누군가는 지금보다 더 예쁘고 잘생긴 나를, 누군가는 웃기고 신박한 캐릭터를 만든다. 사람들은 이 아바타로 가상 공간에서 상호작용하며 현실에서처럼 커뮤니티를 만들기도 한다. 메타버스의 기본 기능 중 하나인 상호작용을 아바타로 수행하는 것이다. 따라서 메타버스라는 가상 공간에서는 또다른 나를 꾸미며 사회를 구성하고 생활할 수 있는 아바타가 필수로 들어가야 한다. 지금까지 출시된 서비스 사례를 살펴보며 아바타 제작 과정을 알아보겠다.

아바타를 제작하는 3단계 과정
· · · · ·

아바타를 기획하는 과정은 어떻게 이루어질까? 메타버스 아바타 디자인 과정은 애니메이션 또는 게임에서 캐릭터를 디자인하는 과정과 흡사하다. 먼저 기초 캐릭터 스타일을 정하고, 체형 비율을 수립한다. 이후 얼굴 형태의 디자인이나 의상과 같은 스타일링을 한 뒤, 마지막으로 모션motion 디자인을 진행한다.

아바타를 제작하는 과정을 단계별로 살펴보자. 실제로 내가 메타버스 아바타를 만든다고 가정하고 따라가면 쉽게 읽힐 것이다.

룩앤필 리서치 및 수립하기

가장 먼저 해야 할 일은 룩앤필look&feel, 그러니까 아바타 기초 모델 수립이다. 구체적으로는 '어떤 공간에서 어떤 경험을 제공하기 위해 만드는지', '아바타 모델을 어떤 모양으로 만들 것인지', '가상

그림 13 **대표 아바타 서비스의 신체 구조도**

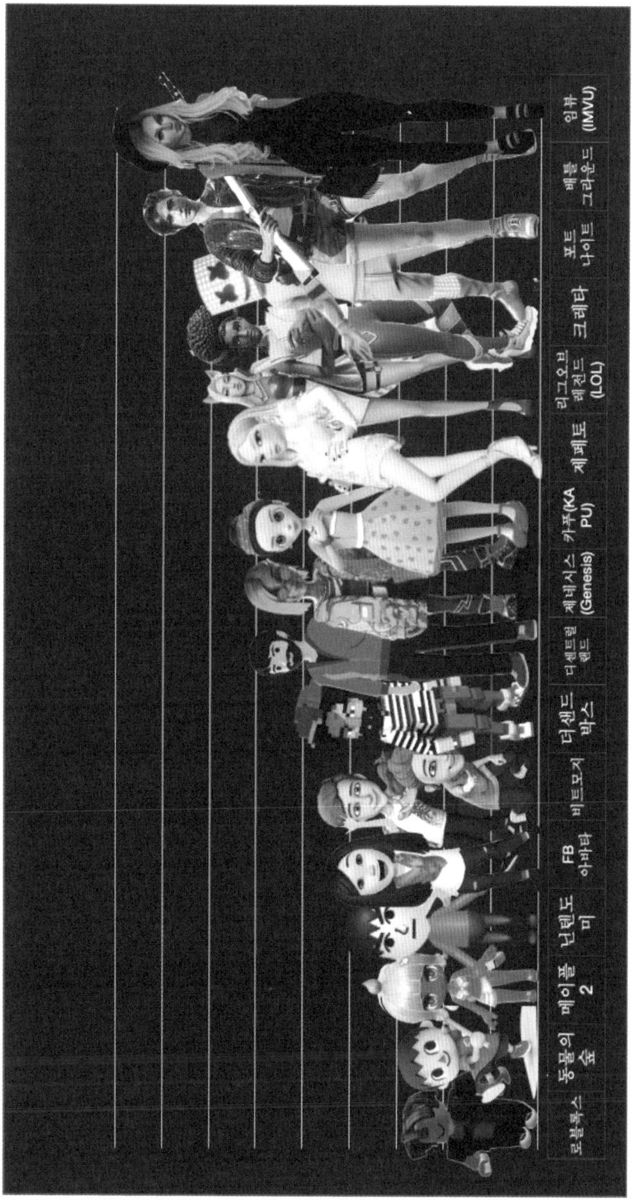
로블록스
동물의 숲
메이플 2
닌텐도 미
FB 아바타
비트모지
더샌드 박스
디센트럴 랜드
제네시스 (Genesis)
카푸(KA PU)
제페토
리그오브 레전드 (LOL)
크레타
포트 나이트
배틀 그라운드
임뷰 (IMVU)

그림 14 대표 아바타의 포지셔닝맵

메타버스 비즈니스 승자의 법칙

공간에서 잘 구현될 수 있는지' 등을 염두에 두고 기획하면 된다.

〔그림 13〕은 로블록스, 동물의 숲, 닌텐도 Mi 등 16개 서비스에서 통용되고 있는 아바타의 신체 구조도. 〔그림 13〕에서 보듯 메타버스에서는 플랫폼의 쓰임에 따라 단순 형태의 만화적인 콘셉트를 가진 아바타와 완전 이상적인 인간의 형태를 하고 있는 아바타로 나눌 수 있다. 메타버스에서 활용되고 있는 아바타를 심층적으로 분류하면 〔그림 14〕와 같이 구체화해서 포지셔닝맵positioning map을 그려볼 수 있다. 크게 봤을 때 어떤 형태와 타깃의 메타버스를 구현할 것인지에 대한 고민이 먼저 이루어져야 하며, 이후에 어떤 형태의 아바타를 구현할 것인지를 고민해야 한다.

닌텐도 게임 '동물의숲'은 타깃 고객이 20~30대 여성이다. 또한 게임 목적도 목표를 달성하고 상대와 경쟁하는 것보다는 도심이 아닌 무인도 자연 속에서 힐링한다는 게 더 중시된다. 현실처럼 치열하게 무언가를 하는 게 아니라 곤충을 잡고 과일을 따 먹는다. 일반적인 FPS나 MMORPG를 즐기는 타깃과는 거리가 멀다. 현실에서 벗어난 콘셉트이기에 현실과 가까운 그래픽을 구사할 필요도 없다. 이에 맞춰 아바타도 동글동글한 눈과 코 등으로 귀엽고 만화적으로 표현됐으며, 전체적인 그래픽과 인터랙션도 '아기자기하고 귀엽고 따뜻하게' 구성되어 있다.

만드는 공간 자체가 실제 세계를 그대로 가져온 것이라면 아바타 역시 실제 인간 형태와 흡사하게 기획되어야 하고, 동화 또는 게임에서 나올 법한 공간이라면 만화적이고 귀여워야 한다. 〔그림 14〕를 보면 공간에 따라서 어떤 아바타를 기획해야 하는지 알 수 있을 것이다. 메타버스 서비스의 목적, 기획의도를 정한 뒤 그에 맞춰서 아바타를 기획해나가면 된다. 이와 같이 캐릭터에 대한 기초 스타일링과 체형 비율이 어느 정도 수립됐다면, 자연스럽게 표현력을 키우는 과정으로 넘어갈 수 있다.

아바타를 정할 때 중요하게 생각해야 할 것은 아바타의 수정 가능성 유무다. 이는 메타버스 플랫폼의 전략 방향성에도 중요한 부분 중 하나다. 눈, 코, 입, 눈썹 등 아바타 얼굴 부위나 얼굴형, 체형부터 모든 의상과 액세서리까지 자유롭게 편집할 수 있는 것을 UGC_{User Genereated Contents}라고 한다. 얼굴 혹은 의상 일부 등 지정된 범위 내에서 아바타를 편집할 수 있는 것을 PGC_{Professionally Generated Contents}라고 한다.

기업에서 아바타 본연의 모습을 해치지 않고자 한다면 대개 PGC의 형태로 제작하면 된다. 이는 기업이 아바타의 체형부터 스타일까지 대부분 요소를 내부에서 자체 제작하는 것을 의미한다. 예를 들어 배틀그라운드, 포트나이트 등 정해진 규칙 속에서 플레이하는 게임 서비스들이 대부분이다. 해당 서비스 내에서 통용되는 아바타는 높은 퀄리티를 유지하게 된다. 하지만 게임이 주가 되다 보니 아바타 꾸미기는 부수적인 요소이므로 폐쇄적으로 운영되고, 꾸밀 수 있는 부분 역시 기업들이 관리한다.

그림 15 **아바타의 수정 가능성에 따른 분류**

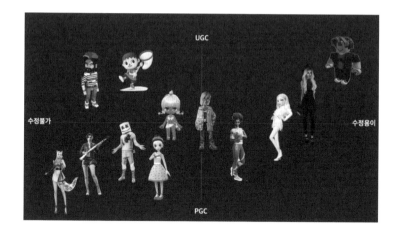

PGC 방식은 메타버스 플랫폼으로서 분명 한계점이 존재한다. 이와 반대로 창작자 생태계를 우선시하는 게 UGC 방식이다. 예로 로블록스를 들 수가 있는데, 창작자가 다양하게 꾸밀 수 있도록 아바타 체형, 그리고 자산을 템플릿화하여 누구나 디자인할 수 있도록 자유도를 높인 것이 특징이다. UGC 환경에서 서비스 개발 시 가장 큰 장점은 기업이 인력을 별도로 채용해서 꾸준히 새로운 콘셉트의 아바타 디자인을 업데이트하지 않더라도 창작자가 다양한 아바타를 제작하기 때문에 자체 제작에 대한 부담감은 줄일 수 있는 동시에 기업 내에서 출시하는 디자인의 퀄리티를 올릴 수 있는 시간이 보장된다는 점이다.

아바타의 표현력 키우기

아바타의 표현력을 기획하기 위해서는 아바타의 전반적인 가치관을 수립하는 과정이 선행되어야 한다. 기초 캐릭터의 스타일링을 수립해야 하는데, '어떤 고객을 대상으로 할 것인지', '실재감을 제공할지 아니면 몽환적인 느낌을 구현할지' 등의 고민이 필요하다. 예를 들면 동양적 또는 서양적 느낌의 체형과 얼굴, 중세 또는 미래풍의 배경을 설정하는 등이다.

아바타의 전체적 디자인에 대한 가치관 수립이 완료됐다면 이를 구체화해 표현력과 감정을 실어줘야 한다. 메타버스에서 상호작용을 하려면 나의 감정을 온전히 표현할 수 있어야 하는데, 이를 위해 '감정 디자인'이 진행된다.

흔히 애니메이션을 개발하는 스튜디오에서는 얼굴과 구체적 감정 표현을 담은 아바타의 모습을 2D 형태로 스케치하거나, 수립된 3D 모델을 기반으로 얼굴을 감정에 맞춰 직접 조정해가며 작업을 진행한다. 주로 아바타의 눈, 코, 입 중 '우리 회사가 만들고자 하는 아바타의 특징과 그것을 가장 잘 표현해줄 수 있을 것으로 예상되는 부위'를 중심으로 조정하곤 한다. 사람의 얼굴과 표정을 구현해내는 것은 생각보다 어려운데, 아바타의 표현력을 디자인하고 연구할 때 참고할 만한 자료로 우리가 흔히 사용하는 모바일 이모티콘이 있다. 보통 이모티콘을 통해 희로애락의 표현을 기본적으로 세팅한 후 사용자들이 감정을 드러낼 수 있는 부분을 다양하게 만들기 시작한다.

그림 16 **디즈니의 캐릭터 표현력 기획 과정**

출처: 디즈니 공식블로그

에셋[10]이 어느 정도 정리됐다면 개성을 표현하기 위해 아바타가 할 수 있는 화장, 가발 또는 사용자의 취향에 따라 변경할 수 있는 다양한 옵션을 만들 수 있다. 현실과는 다르게 얼굴 부위를 더 작거나 크게 만들 수도, 과감한 화장법을 세팅할 수도 있다. 그 밖에도 타투나 특별한 체형을 제공해 아바타 경험을 더 풍부하게 꾸밀 수 있다. 다양하게 꾸밀 수 있는 요소가 만들어지면, 이것을 어떻게 조합하느냐에 따라 많은 아바타가 생겨난다.

---

10   asset. 기본적으로는 '자산'을 뜻하지만 테크기업에서는 포토샵 등과 같은 외부 소프트웨어에서 생성해야 하는 모든 것을 말한다. 모델, 텍스처, 사운드 효과, 애니메이션 등이 있다.

다음으로 아바타에게 숨을 불어넣어 주기 위해 모션과 애니메이션 작업이 들어간다. 아바타를 변형할 때, 어떻게 해야 다양한 체형·얼굴이 아이템(의류) 등과 조화롭게 적용될 수 있을지에 대한 최적화 작업이다. 즉, 아바타의 전체 몸 중에서 어떤 부위를 어디까지 작업할지를 설정해야 한다. 보통 움직이는 범위 설정인 스킨 웨이트skin weight와 아바타의 움직이는 뼈 골조를 만드는 리깅rigging 작업을 통해 구조를 만든다. 이렇게 구성된 아바타는 개발자가 직접 만들어 내는 모션을 인식하고 해당 범주에 있는 아이템을 만들 수 있게 된다. 이런 골조가 잡힌 후 최종적으로 아바타에 입힐 수 있는 의상 에셋을 다양하게 디자인하는 단계로 가면 된다.

스타일링 콘셉트 기획 및 캐릭터 개선

아바타 형태, 신체와 표현력이 어느 정도 완성됐다면 스타일링 기획 단계로 넘어간다. 아바타의 패션을 결정하는 스타일 디자인 과정이다. 아바타 스타일 디자인 과정은 메타버스 서비스의 콘셉트와 전략 방향에 따라 중요도와 우선순위를 조정할 수 있다. 여기서는 아바타의 패션 스타일이 중요한 경우에 대해 설명하겠다.

스타일링 콘셉트 기획은 기본적으로 패션 산업에서 진행하는 방식과 비슷한 프로세스를 거친다. 패션 산업은 매년 패션 디자이너와 크리에이티브 디렉터로 구성된 인력들이 문제 해석과 예측을 통해 의상 콜렉션을 선보이는 창의적인 산업이다. 특히 '패스트 패션'

이라는 트렌드가 붙게 되면서 6개월~1년 주기로 빠르게 소비되고 또 그에 맞춰 새롭게 구상해내야 하는 산업으로 바뀌게 되었다. 이 결과물은 우리가 흔히 아는 'S/S(spring, summer)', 'F/W(Fall, Winter)' 등의 용어가 붙은 의상들이다. 패션 산업에 대한 이해가 필요한 이유는 메타버스 스타일링 역시 이와 비슷한 주기와 과정으로 기획되기 때문이다. 메타버스의 스타일링은 실제 패션 산업에 영향을 많이 받고 있지만, 평균적으로 소요기간이 더 짧게 걸리는 게 특징이다.

우선, 해당 서비스를 주로 사용하고 있는 타깃군의 취향과 동향을 분석해 테마를 선정하고 작업을 진행한다. 가장 기본적인 방향은 메인 컬렉션(S/S, F/W)과 특별 이벤트(올림픽, 크리스마스, 핼러윈, 새해 등의 정기·비정기 시즌) 컬렉션을 기틀로 잡는다. 이렇게 선정된 주제를 기반으로 전년도 해당 고객의 판매 반응과 패션 트렌드를 다각도로 참고하여 사용자가 원했던(원할 만한) 제품을 디자인한다. 중요한 점은 디자인 컬렉션에서 사용자의 선택 폭을 넓히는 것과 동시에 트렌디함을 유지하는 것이다.

개방형 아바타 vs. 폐쇄형 아바타

· · · · ·

만약 오픈 월드 및 사용자 참여 중심의 메타버스 구현을 원한다면 사용자들이 아바타를 더 자유롭게 편집할 수 있는 다양한 코스튬 요소를 제공하는 것이 중요하다. 이런 공간에서는 UGC 중심의 환경을 얼마나 편하게 구축하느냐에 따라 퀄리티가 결정된다. 대표적으로 아바타 에디터(아바타 편집기) 및 창작 툴에 대한 설계를 누구나 쉽게 시작할 수 있도록 기획하는 것이다. 아바타를 쉽고 자유롭게 꾸밀 수 있다는 것은 나를 표현할 방법이 무궁무진하다는 것을 의미하기 때문이다. 내부적으로 특정 가이드라인만 수립한다면 운영에 드는 수고와 비용, 즉 운영공수는 적게 들고 그에 비해 사용자 참여도는 높일 수 있을 것이다. 메타버스를 이제 막 기획하기 시작해서 자체 아바타 등이 없다면 크리에이터가 제작할 것을 생각하며 편집 가능한 모델을 기획하고 크리에이터 창작물에 대해 어떻게 보상을 할지 보상모델에 대해 고민하는 것이 좋다.

반대로 기업 브랜드 이미지를 고려하여 편집의 자유도를 제한하는 메타버스를 구현한다면, 아바타에 대한 룩앤필 가이드라인을 더욱 확실하게 수립해야 한다. 특히 사용자가 가이드라인 범위를 벗어나지 않는 선에서 작업을 진행하게 하고, 아바타를 코스튬하는 경우에도 제한을 두는 동시에 사용자별 개성이 드러나는 방향으로 기획해야 한다. 내부적인 운영공수가 비교적 많이 드는 작업이긴 하지만, 높은 퀄리티를 유지할 수 있기 때문에 확실한 장점이 있는 방식이다.

이처럼 아바타 에디터를 제작할 때는 서비스의 전략 방향성이 UGC인지 PGC인지에 따라 고려해야 할 지점이 달라진다. UGC는

표 5 UGC, PGC 아바타 에디터의 차이점

구분	UGC 아바타 에디터	PGC 아바타 에디터
아바타 편집 여부	다양한 부위를 자유롭게 편집	정해진 범위 내 특정 부위 편집
서비스 협업 대상	사용자, 크리에이터 등 창작자 중심	기업, 관공서 등 광고주 중심
핵심 필요 요소	명확한 창작자 가이드라인	협업을 위한 IP 사전 확보 여부
핵심 장점	내부 콘텐츠 제작 비용 절감	내부 제작을 통한 기업 간 신뢰도 상승
한계점	모든 콘텐츠의 검수 필요	UGC 확장 가능성 여부 불투명

개방형 아바타 편집 방식이고, PGC는 폐쇄형 아바타 편집 방식이다. 개방형과 폐쇄형 아바타 에디터의 기능적 고려사항은 〔표 5〕와 같이 나누어볼 수 있다.

　메타버스 콘셉트에 맞는 아바타를 기획할 때 반드시 하나의 방법만 존재하는 것은 아니다. 다만, 비즈니스의 전략적 방향성에 맞춰 크게 달라질 수 있는 영역인 동시에 서비스의 얼굴을 담당하게 될 것이기 때문에 의사결정에 신중해야 한다. 사전에 사용자들이 자유롭게 참여할 수 있는 형태의 아바타를 고려하고 있는지, 아니면 아예 기업 주도적으로 선택 가능한 아바타를 미리 구축해서 일부 기능만 사용자 참여 기능으로 제공할지 등을 충분히 고민해야 한다.

02 아바타가 뛰어노는 곳: 버추얼 월드

아바타를 기획하고 난 다음에는 이 아바타가 뛰어다닐 수 있는 공간을 만들어야 한다. 사람도 땅이 없으면 뛰어다닐 수 없듯 아바타를 위한 지반을 탄탄히 만들어줘야 하는데, 이 공간을 버추얼 월드 virtual world라고 부른다. 2021년 5월, 'The Map of Internet'이라는 인터넷의 점유율을 기반으로 지도를 만드는 프로젝트가 공개된 적이 있다. 해당 지도에는 언론, 검색, 소셜 네트워크 등 다양한 카테고리를 기반으로 마치 국가 영토를 나눈 것처럼 영역이 나뉘어져 있다. 메타버스로 버추얼 월드, 즉 공간을 어떻게 만드느냐에 따라 영향력이 큰 가상의 국가를 만들 수도 있을 것이다.

메타버스 비즈니스 승자의 법칙

그림 17 **The Map of Internet 프로젝트**

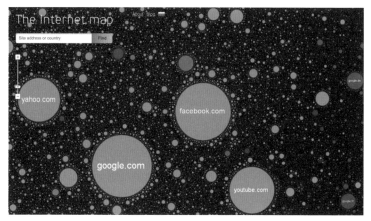

출처: internet-map 웹사이트

이렇듯 다양한 기업 혹은 개인들이 자신들만의 버추얼 월드를 만들고 있다. 그렇다면 버추얼 월드는 어떻게 만들 수 있을까?

버추얼 월드 디자인 방식

메타버스 버추얼 월드의 기획 과정 역시 게임 기획 과정과 비슷하다. 게임 회사에서 흔히 사용하는 레벨 디자인level design이라는 개념이 있다. 레벨 디자인이란 사용자가 실제 게임을 플레이할 수 있는 공간(게임 월드 등)을 디자인하는 과정이다. 메타버스 역시 하나의 공간을 구축하는 과정이기에 비슷한 방식으로 제작된다.

　메타버스에서는 심리스seamless, 존zone, 룸room 등 세 가지 방식을 많이 사용한다. 심리스는 사용자의 시야에 들어오는 대로 맵을 사전에 불러오는 방식이다. 사용자가 이동을 하는 동시에 필요한 부분(땅, 나무, 건물 등)이 나타나기에 사전 로딩loading만 마치면 사용자 시점에 맞춰 부드럽게 이동이 가능하다. 존은 사용자가 이동할 수 있는 구역을 지정하고, 이동할 때 그다음 면적을 불러와 공간을 제공하는 방식이다. 사용자는 부드러운 이동에 제한이 있지만, 심리스 방식과 달리 경계를 넘기 전까지는 공간을 불러오지 않아도 되기에 시스템의 부하가 적은 편이다. 마지막으로 룸 방식은 사전에 만들어진 방(공간)에 특정 사용자를 매칭하는 방식이다. 거대한 오픈 월드를 필요로 하지 않고 미니 던전 또는 사용자 간 대전이 이루어질 때 이 방식이 채택된다. 다만, 사전에 모든 것이 정해져 있기 때문에 사용자가 금세 지루함을 느낄 수 있다.

버추얼 월드를 창조하는 과정

· · · · ·

버추얼 월드를 기획하는 과정은 보통 다음과 같다. 첫 번째는 해당 공간의 전체적인 면적과 구역을 정의하는 것이다. 사용자가 돌아다닐 수 있는 공간을 한정해놓아야 사용자들이 쉽게 피로해지지 않으며, 구역별 비중을 적절히 나누어 하나의 세계를 구성할 수 있기 때문이다. 이후부터는 자연스럽게 특정 구역에 대한 정의를 내리고 특수한 시나리오를 가정할 수 있는데, '이 위치에서는 어떤 상호작용이 발생하는지' 등의 설계가 이루어진다. 이 과정에서 실제 지구를 기반으로 한 가상 공간을 구축하기도 하고, 전혀 다른 세계를 구축하기도 한다.

그러나 메타버스 자체는 현실세계의 지구와 다양한 요소가 연결되어 있기 때문에 대체로 역사적인 배경에 따라 중세 시대 등 현 지구의 모습을 거의 본떠서 만들어지곤 한다. 예를 들어 모델링 과정에서 실제 세계의 교통량, 인구수 등을 데이터로 끌어들여 스마트시티 산업 구축 시뮬레이션을 하는 데 사용하기도 한다. 또는 현재 부촌의 모습을 비슷하게 디자인해 지구에서의 자산 가치와 연동하기도 한다. 사용자가 어느 정도 익숙함을 원하고, 만드는 사람 역시 지구에서 살기에 해당 공간의 역사와 미래를 기반으로 레벨 디자인이 이루어진다고 볼 수 있다.

다음은 해당 공간에서 사용할 수 있는 오브젝트object와 행동action 등에 대한 기획이 진행된다. 특정 구역에서 획득할 수 있는 재화를 설정하거나, 전투 또는 평화 지역 등을 지정할 수 있다. 마지막은 이를 실제 모습으로 구현하는 모델링 과정과 테스팅testing이다. 모델링은 앞서 기본적으로 정의한 오브젝트들을 공간에서 어떻게 배치할지에 대한 실제 3D 모델링과 시뮬레이션을 진행해보는 것이다.

개발자가 직접 아바타로 돌아다니면서 불편한 요소를 찾는 과정이다. 테스팅에서는 사용자들이 어떤 구역에서 밀접하게 상호작용을 하는지, 그리고 이 상호작용이 과해서 원하는 환경이 제대로 구현되지 못할 경우 해당 버추얼 월드를 어떻게 분산하여 배치할 수 있을지에 대해 연구가 진행된다.

03 가상 공간의 소비 콘텐츠: 세계관

'세계관, 유니버스' 같은 단어들을 최근 들어 자주 접하게 되는 것 같다. 하지만 생각보다 더 이전부터 우리는 다양한 세계관에 노출되어 있었다. 대체로 영화·애니메이션 콘텐츠 및 게임에서 세계관 요소가 등장하는데 영화에서는 스타워즈·마블 시네마틱 유니버스·해리포터 시리즈가 있고, 애니메이션에서는 원피스·드래곤볼·나루토, 게임에서는 닌텐도의 슈퍼마리오·젤다 그리고 넥슨Nexon의 메이플스토리가 있다. 세계관은 메타버스 필수 요소 중 하나다. 도대체 세계관이 무엇이기에 메타버스에 필요한 것일까?

비즈니스 확장에 필요한 도구, 세계관

• • • • •

창작물에서 세계관은 창작자가 상상해서 만든 가상 세계의 설정 요소(사회, 문화 등)다. 세계관을 이해하고 메타버스에 녹여내야 하는 이유는 밀레니얼세대부터 Z세대와 알파세대의 사용자들이 콘텐츠를 소비하는 속도가 유독 빠르기 때문이다. 이에 기업 입장에서는 지속적으로 소비할 수 있는 요소를 제공해야 하는 시점이 계속해서 빨라지고 있는 것이다. 한정된 시간 내에 제작할 수 있는 콘텐츠 소재 또한 빠르게 고갈되며, 제작 속도도 따라가지 못하게 된다.

만약 디지털 공간인 메타버스에서 소비할 수 있는 다양한 요소 없이 공간만 덩그러니 놓여 있다면, 이는 사용자들이 곧바로 이탈하게 되는 가장 큰 요인이 될 수 있다. 그래서 많은 기업이 자기들만의 세계관을 구축하기 위해 노력한다. 세계관이 잘 만들어졌을 때 어떤 이점benefit이 있는지, 대표적인 성공 사례를 살펴보며 우리 비즈니스에 어떻게 적용할 수 있을지 고민해보자.

세계관을 기반으로 가장 크게 성장한 비즈니스, 게임

한국에서 남녀노소 불문하고 대중에게 세계관이라는 경험을 제공해준 대표적 서비스는 메이플스토리라고 볼 수 있다. 다양한 직업군을 기반으로 캐릭터가 성장하며 대륙을 탐험할 수 있는 롤플레잉 게임Role Playing Game, RPG이다. 2003년 게임 출시 초반에는 자유롭게

그림 18 **검은 마법사 세계관**

몬스터를 사냥하고 캐릭터의 레벨을 올리는 시스템이었다. 하지만 시간이 지날수록 캐릭터 성장의 한계에 다다른 사용자, 지나치게 높은 문턱 탓에 레벨 올리기가 힘겨운 사용자 등 다양한 요인으로 이탈하는 이들이 늘어났다.

이에 메이플스토리 측은 사용자의 다양한 의견을 반영한 '빅뱅'이라는 대규모 업데이트를 통해 '검은 마법사'라는 하나의 거대한 세계관을 만들었다. 화려한 스킬, 다양한 직업군, 그 중심에 있는 탄탄한 스토리라인을 기반으로 사용자들 사이에서는 역대급 업데이트로 불린다. 초기 업데이트는 대부분이 신규 직업이나 현금결제 유도 시스템 강화 등이었지만, 2018년 검은 마법사에 대한 직접적인 세계관이 재등장하자 주목을 받았고 많은 사용자가 이 경험을 하기 위해 게임을 다시 시작하기도 했다.

넥슨은 여기서 그치지 않고 세계관을 활용해 IP 산업으로 확장했다. 만화 〈메이플스토리〉를 15년간 연재했고, 게임 속 BGM을 활용한 앨범을 판매했으며, 캐릭터를 기반으로 한 다양한 공모전을 열고 굿즈도 제작했다. 세계관을 만들고 이를 기반으로 다양한 사업을 펼친 사례다. 잘 짜인 세계관은 게임의 재미를 배가시켜주는 콘텐츠이며 리텐션retention(고객유지비율) 유지 수단일 뿐 아니라 나아가 추가 수익을 창출하고 비즈니스를 확장할 수 있게 도와주는 핵심 요소다.

세계관을 스스로 공부하고 소비한다, 엔터테인먼트

SM은 누구보다 빠르게 예술적인 세계관 시스템을 구축했다. 최초에 HOT 등 다양한 그룹으로 누구도 하지 않았던 실험적인 시도를 많이 해왔고, 2012년 엑소EXO라는 그룹이 데뷔하면서부터 본격적인 세계관을 세웠다. SM의 세계관은 성격이 약간 특이하다. 엑소 뮤직비디오를 예로 들면, 멤버들 개개인에게 아이덴티티를 부여하는데 팬들이 단번에 알아채기 힘든 '상징'을 많이 쓴다. 사용자가 바로 찾아내기 어렵거나 이해하기 어려운 요소를 제공했음에도 오히려 사용자들은 콘텐츠를 외면하지 않고 하나하나 찾아가면서 재미를 느끼고 또 다른 상상의 나래를 펼쳤다. 마치 퍼즐을 풀듯이 공부

메타버스 비즈니스 승자의 법칙

하며 콘텐츠를 소비하는 것이다. 다양한 오브제와 미지의 세계에서 나 볼 법한 마법 같은 요소로 풀어내는 SM의 세계관은 사용자들의 찬사와 기대를 부르고 있다. 처음부터 '비밀적인 요소'를 활용하여 세계관에 자연스럽게 스며들 수 있도록 풀어내는 것이 SM의 찐팬을 만들어내는 이유 중 하나라고 볼 수 있다. 이와 더불어 SM은 기존에 분산되어 있던 세계관을 그룹 에스파와 NCT를 통해 본격화할 예정이며, CAWMAN(만화, 애니메이션, 웹툰, 모션그래픽, 아바타, 소설) 형태로 세계관을 확장할 계획이다. 또한 NFT 멤버십인 META PASSPORT, 인스타그램 계정 핑크블러드Pinkblood 같은 영역들을 확장해나가며 메타버스 시대에 기술과 팬덤을 동시에 사로잡으려 하고 있다.

또한 BTS를 시작으로 저스틴 비버, 아리아나 그란데 등이 속한 이타카 홀딩스를 인수한 하이브HYBE는 세계관을 활용하여 다양한 서비스를 제공하고 있다. 초기에 비밀스러운 메시지를 포함했던 SM의 방식과는 달리, 콘텐츠 곳곳에 세계관을 설명하는 요소를 숨겨두었고 BTS 팬클럽인 아미ARMY가 이를 함께 찾아 정리하는 것을 하나의 문화로 정착시켰다. 대표적으로 게임인 BTS 월드, 화양연화를 주제로 한 네이버 웹툰, 아미피디아, 팝업스토어 등 각 콘텐츠에 메시지를 숨겨두었다. 덧붙여 '소년들의 성장 서사와 자아를 찾아가는 과정'이라는 세계관을 일관되게 담고 있는 것도 BUBTS Universe의 특징이다. 그러나 일부 팬들은 하이브가 세계관을 풀어내는 방식이 지나치게 상업이라며 반발도 있다. BTS 관련 NFT 멤버십이 기후 변화 및 환경 보전에 대한 문제 인식을 공표한 BTS의 이미지와 맞지 않다는 입장이다.

엔터테인먼트 산업에서 세계관은 팬덤과 커뮤니티를 끌어당길 수 있는 핵심 요소이며, 잘 활용하면 신규 IP로서 사업을 다각화하고 수익을 창출해내는 도구다. 주의할 점은 핵심 고객인 팬덤이 지향하는 방향과 결이 맞는지, 이들과 조화롭게 섞여 세계관을 풀어나갈 수 있을지에 대해 고민해야 한다.

커머스가 세계관을 만났을 때

최근 오프라인 리테일 시장은 단순히 제품을 구매하는 공간에서 브랜드를 체험하고 오감으로 느낄 수 있는 형태의 공간을 구축하고 있다. 조경 공간이 확대되고, 팝업스토어 중심으로 공간이 조성된다. 여의도 더현대서울이 대표적인 예다. 중심가에 세워진 백화점이지만, 공간의 50%를 환경, 체험 공간에 할애했다. 그리고 이런 체험 공간이 가상세계로까지 확장되고 있다.

최근에는 구찌, 크리스찬루부탱Christian Louboutin 같은 명품 브랜드가 제페토에 버추얼 월드를 개설했다. 버추얼 월드에서는 이 명품을 나의 아바타에 직접 입혀볼 수 있다. 또 루이비통Louisvuitton은 창사 200주년을 기념하면서 자체 게임을 출시했고, 해당 캐릭터를 NFT로 구매하고 소유할 수 있는 형태로 만들어냈다. 오프라인 매장은 줄을 길게 서서 대기하거나 입장권이 있어야만 들어갈 수 있지만, 가상 매장에서는 명품을 비교적 손쉽게 체험할 수 있다. 메타버스에 커머스가 등장하면서 디지털 세계 구매 경험이 강화됐고, 시공간석 제약이 사라져 지구 반대편에서 진행되고 있는 팝업스토어도 간접적으로 체험할 수 있게 됐다.

세계관을 엮는 두 가지 방법
· · · · ·

서비스 기획 관점에서는 세계관 제작을 거시적·미시적으로 나누어 볼 수 있다. 미시적 관점은 끊임없이 많은 콘텐츠를 생산한 후 한꺼번에 엮어내는 것인데, 예로 하이브가 이를 잘 풀어냈다고 할 수 있다. BTS의 데뷔 초부터 화양연화까지, 전 세계적으로 유명해지기 전에 활동했던 앨범 등 각 요소를 다시 불러들여 세계관으로 엮었다. 그리고 이를 기반으로 다양한 IP 비즈니스를 펼쳤다.

반대로 거시적인 관점을 보자. 세계관이라는 큰 틀을 먼저 설계한 다음, 그 안에 여러 요소를 채워나가는 것이다. 메이플스토리가 대표적이다. 기존에 설정했던 스토리에 적합한 직업군을 하나씩 끼워 넣으며 사용자들에게 새로운 콘텐츠를 선사했다. 하나의 세계관으로 15년 넘게 운영되고 있는 이유도 먼저 큰 그림을 그려두고 차근차근 채워나갔기 때문이다. 메이플스토리의 세계관 작업 방식은 커뮤니티에 퍼지면서 바이럴 효과를 누리기도 했다.

세계관 기획 시 주의할 점

· · · · ·

콘텐츠 기반의 서비스, 비즈니스는 고려해야 할 사항도 많고 그에 따른 다양한 제약과 한계점도 많다. 세계관을 설정해놓으면 사용자가 비즈니스에서 지속적으로 소비할 수 있는 콘텐츠는 늘어나겠지만, 오히려 신규 사용자는 진입하기가 어려워질 수 있다. 따라서 세계관을 기획할 때는 다음의 세 가지를 반드시 숙고해야 한다.

첫 번째는 타깃의 행태, 특성을 디테일하게 고려한다. 세계관은 결국 '디테일'이 승부를 가른다. 예를 들어, 사용자들이 소설책을 읽는 도중 오탈자가 나오면 몰입하는 데 방해를 받는다. 마찬가지로 일반 서비스에서도 앞뒤 문맥에 어울리지 않는 요소가 갑자기 튀어나오면 사용자들은 괴리감과 어색함을 느낄 것이다. 따라서 세계관을 기획하기 전 어떤 사용자들이 우리 서비스의 타깃인지 살펴보고, 디테일하게 설정해야 할지 아예 정반대로 추상적으로 설계해야 할지를 신중하게 고민해야 한다. 대표적으로 '동물의숲' 사례를 보자. 무인도에 정착한다는 설정을 기반으로, 새로운 동물 친구들을 사귀고, 채무를 갚으며, 나만의 집을 짓고, 아바타를 꾸미는 등 힐링 요소를 제공했다. 스토리라인이 방대하진 않지만, 채무를 상환

해나가는 스토리와 모든 캐릭터 및 NPC에 페르소나(성격)들을 부여했다. 즉 사용자들이 지루하지 않도록 다양한 변수들을 제공했다는 점에서 세계관이 잘 설계되어 있음을 알 수 있다.

두 번째는 저작권을 명확히 밝혀야 한다. 여러 서비스를 만들 때 기존에 있던 것 중 어떤 오브제, 스토리라인에서 영감을 얻었는지 여러 매체나 크레딧 등에서 언급을 해줘야 한다. 하지만 개발자들은 이런 요소를 종종 놓치곤 한다. 사실 하나의 독창적인 세계관을 만들면서 타인의 저작물을 사용하는 건 말이 안 되지만, 어느 정도 참고한 내용은 밝혀야 한다. 따라서 C레벨(한 기업의 CEO, COO 등 경영진)에 있는 사람이나 중간 책임자는 끊임없는 레퍼런스reference를 체크하고 이중 검증을 해야 한다. 이를 챙기지 않으면 추후 표절 등 논란이 생길 수 있고 핵심 사용자들의 이탈이 발생할 것이다.

마지막으로는 사용자의 피로감을 고려해서 세계관을 설정해야 한다. 세계관에 따른 각 요소가 무한정으로 많아지면, 새로운 사용자의 진입장벽은 높아질 테고, 기존 사용자들 역시 이 '떡밥'이 언제 풀릴지 마냥 기다리지 않을 수 있다. 아이돌 팬덤이야 멤버 하나하나가 결집력의 끝을 보여주는 분야지만, 게임이나 일반적인 서비스에서 이런 요소를 끌어올 수 있을지는 의문이다.

잘 짜인 세계관은 서비스에 대한 새로운 시선과 몰입감을 가져다주고, 새로운 커뮤니티로 쉽게 접근할 수 있게 한다. 그러므로 세계관은 요소를 숙고해서 풍부하게 설계하는 것이 중요하다. 세계관을 설계하고 각 요소를 잇는 작업을 깊이 있게 배우려면 게임 기획, 스토리텔링 등의 분야를 공부하는 것도 좋은 방법이다.

04 창작물이 돈이 되다: 크리에이터 생태계와 NFT

메타버스에서 중요한 마지막 요소는 바로 '크리에이터 생태계'와 '해당 공간에서 수익을 창출할 수 있는가' 하는 것이다. 크리에이터는 메타버스 안에서 아이템 등을 창작해서 판매하는 이를 일컫는다. 이들이 존재해야 메타버스 서비스가 확장될 수 있다. 크리에이터가 콘텐츠를 계속 생성해야 해당 콘텐츠를 소비하는 사용자가 몰려들면서 수요와 공급이 생기는 하나의 세계가 만들어지고 유지되기 때문이다. 현재까지는 이런 현상이 예술적·기술적 측면에서 두드러진다. 예술적인 측면에서는 크리에이터가 메타버스 내에서 수익을 창출하기 위해 직접 캐릭터 의상을 디자인하는 게 있고, 기술

적인 측면에서는 스크립트 코드를 편집해서 하나의 게임 콘텐츠를
제작하는 경우가 있다. 그럼 메타버스를 구성하는 주요 요소인 크리
에이터와 디지털 자산에 대해 알아보자.

크리에이터를 참여시켜라

· · · · ·

메타버스를 이야기할 때 게임을 함께 언급하곤 한다. 아바타 시스
템, 버추얼 월드 등에 대한 개념이 어느 정도 비슷하기 때문이다.
우리가 보편적으로 즐기는 게임과 메타버스 서비스를 가르는 가장
큰 특징은 '사용자의 참여'와 '보상'이라고 할 수 있다. 기존 게임 플
랫폼 기업의 경우 게임 내에서 활용되는 자산을 게임 회사 자체 인
력이 제작하고 가격을 정한다. 하지만 메타버스에서는 다양한 아이
템이 사용자들의 창작 행위를 통해 제작된다. 또한 수요와 공급의
논리, 시세와 생산자의 의지에 따라 수량이 제한되기에 가치가 달
라지기도 한다.

메타버스 서비스 기업들은 플랫폼이 흥행했을 때 해당 리소스를
플랫폼 자체에서 모두 다루거나 신규 콘텐츠를 끊임없이 생산하는
데 한계가 있다는 것을 알기 때문에 사용자들의 참여를 적극적으로
장려한다. 이런 과정을 통해 메타버스 서비스 사용자 중 일부가 직
업을 크리에이터로 전환하여 신규 일자리가 형성되기노 한다.

디지털 자산을 보호하는 NFT

· · · · ·

메타버스가 지속되기 위해서는 해당 공간 내에서 수익을 창출할 수 있는지가 중요하다. 이는 1장에서 이야기한 메타버스 특성 중 '경제적 시스템'을 일컫는다. 메타버스 속 크리에이터 이코노미가 급부상하며 아바타·가상세계·음원·밈meme 등이 생산되고 있으며, 한정적인 생산까지 가능해지면서 크리에이터가 생산한 작품을 개개인이 구매하여 소유하고 투자할 수 있게 됐다.

현실세계에서 역사가 깊거나 한정 발행된 재화는 여러 세기가 지나도 여전히 값비싼 가치를 지니는데 크리에이터의 생산품도 비슷하다. 대표적으로 〈모나리자〉 같은 희귀 예술품, 명품, 클래식 자동차, 고급 와인, 보석 등이 있다. 한정된 공급에 비해 수요가 많아지면서 점점 가치가 오르는데, 추가 생산이 불가하기에 이를 '대체 불가한 수집품'으로 부르기도 한다.

이런 오리지널 제품들을 구매하면, 보통 정품이라는 인증 또는 소유권에 대한 증명이 이루어진다. 명품이나 미술품을 구입할 때 받는 인증서다. 최근에는 디지털 환경에서 제작된 제품 역시 소유권을 증명할 수 있는 기술이 등장했고, 이렇게 발생한 디지털 자산을 NFT라고 한다. 블록체인을 기반으로 한 NFT 기술의 발전으로 디지털 환경에서 고유한 코드가 발급되어 각각의 가치가 상이하고 대체 불가능한 성질을 갖게 된다. NFT의 등장으로 기존 디지털 창작물도 복제품이 아니라 고유성과 희소성을 가질 수 있게 된 것이다. 이와 함께 작품을 만들고자 하는 창작자(크리에이터), 작품을 소개하는 중개자, 작품을 수급해서 판매하는 판매자가 등장하면서 기본적으로 실제 환경에서와 같은 경제 시스템이 메타버스에서도 조성됐다.

크리스티Christie's 경매에서 '비플Beeple'이라는 작가가 5,000일 동안 하루에 하나씩 그린 디지털 그림 모음이 7,000만 달러(약 800억 원) 가까운 금액에 낙찰된 적이 있다. 또한 로블록스에서 구찌와 협업하여 한정적으로 제작된 디오니소스 백은 현실에서 정가 350만 원이지만, 가상세계에서는 480만 원에 거래되어 주목을 받았다. 이는 희소한 자산에 대해서는 가상과 현실의 구분이 사라졌다는 것을 의미한다.

그러므로 디지털 환경에서 제품을 창작하는 사람들로서는 창작과 수입 영역에서 더 많은 기회가 생겼다고 할 수 있다. 예술가들이 작품을 만들 때 저작권 침해가 가장 많이 일어나는 영역이 디지털 환경이었는데, 이제는 NFT로 저작권이 보장되기 때문이다. 머지않아 메타버스에는 아이템을 중개하는 거래소, 아바타 의상 제작 크리에이터, 디지털 미술 작품 수집가 등 새로운 직업이 나타나고 그에 따른 비즈니스도 확장될 수 있을 것이다.

METAVERSE
WINNER
TAKES ALL

4장

메타버스에
성공적으로
올라타는
네 가지 전략

01

기존 메타버스를
활용하라: CU

제페토를 활용한 CU

• • • • •

메타버스를 비즈니스에 적용하는 가장 쉬운 방법은 기존 메타버스 플랫폼을 활용하여 그 안에 우리 공간을 구축하는 것이다. 즉, 메타버스를 직접 만들지 않고 이미 메타버스 플랫폼을 구축한 제페토나 로블록스를 활용해서 회사의 상품이나 브랜드를 알리는 방법이다. 특히 유통사나 제조사 등 IT 분야 외의 기업들이 기존 메타버스 플랫폼을 활용해서 성공한 사례가 많다. 대표적으로 편의점 CU가 있다. CU는 어떻게 메타버스를 통해 성공적인 마케팅을 벌일 수 있었을까?

가고 싶은 장소를 구현한 한강공원

CU 제페토 한강공원점은 한국관광공사가 제페토에 마련한 한강공원 월드에 입점한 CU의 가상 편의점이다. 한강공원 월드는 제페토 이용자 2만 2,000명을 대상으로 한 '제페토를 통해 가보고 싶은 한국 관광지' 설문에서 1위를 차지한 곳이다. 2020년 11월, 오픈 하루 만에 25만 7,000명, 2021년 7월까지 누적 방문자 수 2,180만

그림 19 **제페토 한강공원 월드**

출처: 한국관광공사

　　　　　　　　　　　　메타버스 비즈니스 승자의 법칙

명을 기록했을 정도로 인기 있는 장소다. 이곳은 반포대교 무지개 분수, 남산N타워, 수상택시, 푸드트럭까지 현실의 한강공원과 비슷하게 구현되어 있다. 한국관광공사는 코로나로 여행을 가지 못하는 사람들의 심리를 파악해 가상의 한강공원을 마련했고 특히 Z세대의 인기를 끌었다. 그뿐만이 아니라 한국에 여행 오고 싶어 하는 중국 관광객들의 주목을 받았고, SNS에 올려진 인증샷으로 엄청난 바이럴 효과를 누렸다.

CU는 이렇게 주목받고 있는 한강공원에 제페토 한강공원점을 오픈한 것이다. 가상의 한강공원을 경험하러 접속한 Z세대는 현실에서 한강 근처 편의점을 갔던 것처럼 CU의 가상 편의점을 반복적으로 방문했다. 가상 공간이지만 한강공원에 실제 있을 법한 편의점을 제공함으로써, 보는 사람이 묘한 친근감을 느끼게 한 것이다. 가상 공간이라고 하더라도 완전히 새로운 공간은 낯설 수도 있지만, 제페토 한강공원은 실제 한강공원을 본떠 만들었기에 '친숙한 색다름'을 제공할 수 있었다.

Z세대의 공감을 불러일으킨 '하루'

두 번째 성공 요인은 CU 캐릭터인 '하루'라고 볼 수 있다. 하루는 뮤지컬 배우를 꿈꾸는 CU 편의점의 아르바이트생이며 디지털 휴먼(아바타)이다. 제페토 한강공원점에 들어가면 계산대에서 하루가 열심히 일하고 있다. CU가 만들어낸 캐릭터인 하루를 가상 공간에

그림 20 **CU 제페토 한강공원점에서 일하는 하루**

출처: BGF리테일 웹사이트

직접 등장시킴으로써 생동감을 불어넣었다.

　그뿐만이 아니라 하루는 편의점 브이로그를 제작해 유튜브 채널에 올리거나 자신이 일하는 일상을 인스타그램, 제페토에도 올린다. 단순히 자체 제작한 캐릭터를 등장시키는 것을 넘어서 하루의 아르바이트하는 모습이나 일상생활을 공개하는 것이다. 브이로그는 Z세대가 즐기는 그들만의 특별한 소통 방식이다. 2021년 2월 대학내일20대연구소에서 조사한 바에 따르면 Z세대가 시청하는 1인 크리에이터 영상 콘텐츠 주제 중 일상·브이로그(52.3%)가 2위로 꼽힐 만큼 Z세대에게 브이로그는 일상이자 주 시청 콘텐츠다.

표 6 **Z세대 절반 이상이 시청하는 콘텐츠: 일상 및 브이로그**

	Z세대	후기 밀레니얼	전기 밀레니얼
1위	게임(58.6%)	먹방(44.4%)	경제, 재테크(35.5%)
2위	일상 · 브이로그(52.3%)	일상 · 브이로그(41.0%)	먹방(34.7%)
3위	먹방(43.9%)	게임(33.7%)	요리(29.8%)

출처: 〈사례뉴스〉, "Z세대는 왜 유튜브와 OTT를 선호할까? Z세대를 사로잡은 콘텐츠", 2022.5.4.

그림 21 **유튜버 영상 콘텐츠 생산 경험**   그림 22 **Z세대의 콘텐츠 생산 이유**

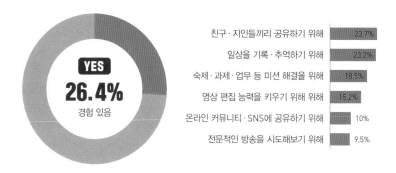

출처: 대학내일20대연구소, '밀레니얼, 그리고 Z세대가 말하는 유튜브의 모든 것'(2021년)

이처럼 Z세대에게 브이로그는 일상이다. 그들은 자기를 드러내는 데 주저함이 없고, 일상을 공유하면서 다른 사람들과 소통하고

그림 23 **하루의 브이로그**

[하루의 데일리룩] 올 봄은 너로 정했다! CU x 마르디 메크르디 제페토 아이템 쇼핑하울 | 봄맞이
데일리룩 3가지 스타일 👕👗
CU [씨유튜브]

[하루의 일일단지특공대] 🍌숨겨진 바나나맛우유 단지를 찾아라! 🥛 | 하루의 하루 스페셜편
CU [씨유튜브]

[편의점 알바생 브이로그] MBTI 유형별 CU제페토매장 갔을 때! 🔍 | 하루의 하루 EP.6
CU [씨유튜브]

[편의점 알바생 브이로그] 뭇찌다 뭇찌다 우리 하루!! 학생들과 신나는 DANCE BATTLE | 하루
의 하루 EP.5
CU [씨유튜브]

[편의점 알바생 브이로그] 🎮 CU제페토교실매점에 하루 등장 고민이 있다면 하루를 찾아오세요
💙 | 하루의 하루 EP.4
CU [씨유튜브]

싶어 한다.

하루의 브이로그처럼 일상을 보여주는 것은 광고를 넘어 고객과 소통하는 하나의 방식이 된다. 마케팅의 일환으로 시작한 것이지만 더 이상 상업적 의미만 있는 '광고'가 아니게 된다. Z세대는 하루를 상품이나 브랜드로 보는 것이 아니라 하루의 세계관으로 들어가서 공감하고 간접 경험을 한다. 이처럼 기업의 IP를 활용하되 타깃 고객의 소통방식이나 니즈를 반영한다면 브랜드나 상품을 메타버스에서 보여주는 차별화된 마케팅이 될 수 있다.

메타버스 비즈니스 승자의 법칙

그림 24 **현실의 상품이 진열된 가상 편의점**

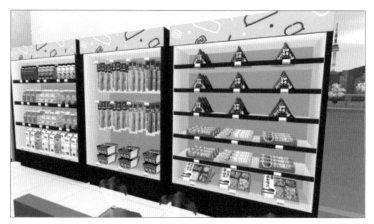

온 · 오프라인을 넘나드는 고객 경험

가상 편의점에서는 실제 현실의 CU에서 판매하는 상품을 볼 수 있다. CU 편의점의 PB 브랜드인 '헤이루HEYROO', 베이커리인 '빵 드 프랑Pain de franc', 독점 상품인 '우유라면'과 '치즈라면' 등이 있으며 인기 상품인 '곰표 팝콘', '허니버터 아몬드', 빙그레의 '단지우유'까지 보인다.

실제 편의점에 존재하고 내가 알고 있는 상품 하나하나가 디테일하게 구현된 것을 보면서 사용자는 재미를 느끼는 동시에 가상세계에 더욱 몰입할 수 있게 된다. 실제로 먹지는 못하지만, 바나나단지우유, 삼각김밥, 컵라면 등을 들고 다닐 수 있고 셀프 계산대에서 계산하는 체험도 할 수 있다. 손에 들린 빙그레 바나나 단지우유를 누르면 빨대가 '뽁' 꽂히고, 편의점 앞 테이블에 앉아서 치킨이나 컵라면을 먹는 체험까지 가능하다.

2021년 9월에는 체험 이벤트도 진행됐다. 오프라인 CU 편의점에서 새로 출시한 삼각김밥을 먹으면 제페토에서 사용할 수 있는 코인을 제공하는 이벤트였다. 이처럼 온·오프라인을 넘나드는 경험을 하면 사람들은 가상 경험이 실제 생활에도 영향을 주고, 실생활에서의 구매가 가상 공간에도 영향을 준다는 것을 인지할 수 있다. 가상과 실제를 넘나드는 새로운 경험을 하게 되는 것이다.

메타버스 마케팅의 세 가지 방법
· · · · ·

많은 제조 업체와 리테일 업체가 브랜드를 알리기 위해 제페토나 로블록스와 제휴해서 가상 세계에 입점한다. 최근에는 금융 업체들이 게더타운에 가상 은행을 오픈하기도 했다. 많은 브랜드가 메타버스에서 마케팅을 하지만, 성공적인 사례는 많지 않고 대부분 일회성 이벤트로 그친다. 브랜드나 상품을 갖고 단순히 메타버스에 입점한다고 마케팅이 잘되는 것은 아니다. 내가 알리고자 하는 상품에 대한 구체적인 전략이나 그 상품을 사용하는 고객에 대한 고민 없이 메타버스 마케팅을 한다면 수많은 마케팅 채널에 또 하나

그림 25 **각종 용품을 착용할 수 있는 나이키 버추얼 쇼룸**

출처: 나이키 유튜브

가 '더해지는 것'밖에 안 된다. 메타버스에서 마케팅을 하려면 메타버스와 고객을 동시에 이해해야 한다. 메타버스에 제대로 올라타 효과적으로 마케팅하려면 무엇을 고려해야 할까?

체험 활용

첫째, 메타버스 속 체험을 활용하라. 앞서 살펴봤듯 아바타, 버추얼 월드, 그리고 그 공간을 채우는 다양한 건물과 오브젝트는 메타버스를 구성하는 기본적인 요소다. 가상 공간에 브랜드나 상품을 단순히 전시하거나 입점하는 것으로는 안 된다. 고객들이 그 공간으로 들어가서 실감 나게 체험할 수 있도록 해야 한다.

나이키Nike는 로블록스에 나이키랜드를 구축하고, 여기서 다양한 나이키 제품을 착용할 수 있게 했다. 현대자동차도 2021년 9월 로블록스에 현대차를 체험할 수 있는 현대 모빌리티 어드벤처를 오픈했다. 여기서는 아이오닉5, 캐스퍼 같은 차량을 직접 운전해볼 수 있고 앞으로 나올 현대차의 UAM_{Urban Air Mobility}(도심항공 모빌리티), PBV_{Purpose Built Vehicle}(목적 기반 모빌리티) 등 미래 모빌리티까지 체험할 수 있다.

메타버스 속 체험은 오프라인 세상에서 하기 힘든 경험을 간접적으로 할 수 있게 해줄 뿐만 아니라 앞으로 다가올 미래에 대한 체험도 해볼 수 있게 한다.

새로운 관계 맺기

다음으로 버추얼 휴먼(아바타)을 활용하여 세계관 속에서 관계 맺기를 해야 한다. CU에서 캐릭터를 활용하는 것처럼 기존의 IP를 갖고 있는 경우에는 다양한 마케팅을 할 수 있다. 자체 브랜드 캐릭터를 활용하여 SNS에 Z세대가 즐길 수 있는 콘텐츠를 만들고 캐릭터를 메타버스 세상에 등장시킴으로써 고객들이 새로운 소통 방식을 체험하게 하면 된다.

앞서 언급했듯, 최근에는 부캐, 가상 인플루언서가 대세다. 기업체에서도 부캐를 활용한 마케팅이 활발하다. 예로, 빙그레의 '빙그레우스' 캐릭터가 있다. 빙그레는 빙그레우스를 선보인 후 MZ세대에게 인기를 끌었고, 이에 인스타그램 팔로워 수가 급증해 무려 17

그림 26 **빙그레의 '빙그레우스' 캐릭터**

만 2,000명이 됐다(2022년 5월 기준).

또 다른 주목할 만한 마케팅으로는 삼양식품의 '삼양이'와 '불닭'
이 있다. 삼양식품은 뮤지컬 콘셉트로 좀 더 '진지한' 부캐 마케팅을
시도하고 있다. 여기서 '진지한'은 '부캐 마케팅을 할 때 지금껏 진
행해왔던 B급 형식이 아니라 S급의 퀄리티'를 의미한다. '쓸데없이
고퀄'이라는 것은 바로 이를 두고 하는 말일 것이다. 주인공인 '삼
양'이와 빌런인 '불닭'을 등장시키면서 대립 관계를 묘사했는데 실

삼양식품의 삼양이 영상 QR 코드

제로 삼양이는 가수 규현, 불닭은 소연의 목소리를 입혀 캐릭터에 생동감을 불어넣었다. 이 뮤지컬 광고는 2021년 대한민국 광고 대상을 받았고, 삼양이 영상은 927만 회, 불닭 영상은 오픈 3주 만에 916만 회를 기록할 정도로 큰 인기를 끌었다.

단순히 캐릭터만 제작하는 것이 아니라 Z세대가 즐길 수 있는 세계관을 브랜드 전략에 맞춰 촘촘하게 구성하고 메타버스 세상에 등장시키면, 고객들은 다양한 채널을 통해 캐릭터와 세계관을 소비하고 소통하면서 관계 맺기를 할 수 있다. 이는 곧 팬덤이 되어 브랜드에 대한 충성도로 연결된다.

온·오프라인의 경험 연결

마지막으로 온·오프라인의 경험을 연결해야 한다. 제페토에 입점한 롯데월드는 온·오프라인 경험 연결을 시도한 사례 중 하나다. 제페토 내 롯데월드 맵에서 사진 찍기 등 각종 미션을 수행하면 제페토에서 사용할 수 있는 캐릭터 머리띠, 아이스크림 아이템을 준다. 롯데월드를 실제로 가본 경험이 있는 고객들은 실제 경험했던 놀이동산의 머리띠나 아이스크림 아이템을 보면서 대리만족을 느낄 수 있다. 여기서 온라인 경험을 오프라인까지 연결하려면 온라인 체험에 대한 보상으로 오프라인 굿즈를 제공할 수도 있다. 예를

그림 27 **제페토에서 롯데월드 미션을 수행하는 모습**

출처: 롯데월드 유튜브 채널

들어, 제페토 내에서 모든 미션을 완료했을 때 실제 오프라인 공간
인 롯데월드에서 사용할 수 있는 머리띠를 제공하는 것이다.

　　롯데월드보다 더 적극적으로 온라인 체험을 할 수 있게 하고 이
를 오프라인 경험과 연결한 사례도 있다. 로블록스 나이키랜드가
그 주인공인데, 모든 아이템을 별도의 미션 없이 무료로 체험할 수
있게 함으로써 고객들이 가능한 한 많이 체험하게 했다. 이처럼 온
라인 체험은 디테일하면서도 쉽고 많이 할 수 있게 해야 하며, 이를

오프라인과 적극적으로 연결할 수 있어야 한다.

메타버스에서는 텍스트인 2차원에서 이미지 중심의 3차원으로 넘어가면서 고객이 경험할 수 있는 요소가 물리적으로 늘어났다. 따라서 메타버스 요소인 아바타와 공간, 그 안에서의 체험을 적극적으로 활용해야 한다. 또한 가상 환경인 온라인을 뛰어넘어 실제 환경인 오프라인에도 영향을 미칠 수 있도록 설계하면 시너지 효과가 날 수 있다. 타깃 고객에 대한 이해를 바탕으로 메타버스 요소를 적절히 활용한다면, 단순히 메타버스 플랫폼에 입점한 것 이상의 마케팅 효과를 기대할 수 있을 것이다.

02

크리에이터와
함께 만들어라: 구찌

메타버스를 확장해주는 파트너

· · · · ·

1장에서 이야기했듯이 메타버스 속성 중 하나는 개방성이다. 개방성은 탈중앙화를 지향한다는 의미로 모두가 사용자이자 창작자란 뜻이다. 메타버스에서 권력이 한 곳에 집중되지 않는 탈중앙화를 달성하려면, 메타버스 플랫폼은 크리에이터가 창작할 수 있는 환경을 잘 마련해주는 동시에 창작 결과물에 대한 보상을 제공해야 한다. 예를 들어 생각해보자. 일반적으로 우리는 페이스북에 글을 올릴 때 특별한 보상을 받지 않는다. 하지만 우리가 올린 글을 타인에게 보게 함으로써 페이스북은 플랫폼을 운영하고 많은 사용자를 대상으로 광고 수익을 벌어들인다. 또한 유튜브는 많은 구독자나 조회 수를 올린 크리에이터에게 보상을 제공하지만 그것은 유튜브가 벌어들인 광고 수익을 재분배하는 것뿐이다. 페이스북과 유튜브 모두 회사 자체가 사용자나 크리에이터들이 올린 글과 영상에 대한 통제권을 갖고 있다. 물론 영향력이 큰 인플루언서들은 이 안에서 많은 돈을 벌기도 하지만 여전히 중앙의 통제하에서 플랫폼이 주는 광고 수익을 버는 구조다.

하지만 메타버스에서 크리에이터는 성격이 약간 다르다. 이들은 중앙의 통제를 받기보다는 플랫폼의 확장을 도와주는 파트너라고 볼 수 있다. 메타버스에서는 크리에이터가 창작한 결과물에 대해 플랫폼이 별도의 통제권을 가지지 않는다. 크리에이터는 자기만의 작품을 만들고 사용자들은 그 작품을 구매하거나 이용한다(여기서 작품은 아바타, 패션, 아이템, 건물, 음악, 글 등 무엇이든 될 수 있다). 사용자가 작품을 구매하거나 이용하면서 대가를 지급하면 그 돈이 그대로 크리에이터의 수익이 된다. 크리에이터들은 중앙의 통제를 받지 않고 돈을 벌 수 있기에 더욱 메타버스로 몰려들고, 다양한 작품이 생성되기에 사용자도 늘어난다. 이 과정은 자연스럽게 플랫폼의 확장으로 이어진다.

크리에이터의 결과물이 중앙의 통제를 받고 창작물에 대한 직접 거래가 불가능한 플랫폼과 중앙의 통제를 받지 않고 내 작품을 쉽게

그림 28 **중앙화 플랫폼과 탈중앙화 플랫폼 비교**

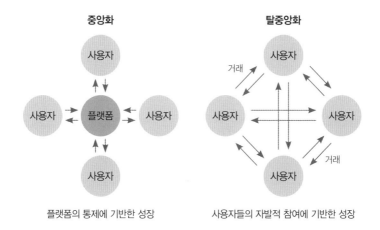

거래할 수 있으며 그에 대한 보상을 받는 플랫폼, 둘 중에서 크리에 이터에게 유리한 플랫폼은 어디일까? 당연히 후자다. 개방성과 탈중앙화를 지향하는 메타버스는 크리에이터, 아티스트와 함께 선순환 구조를 만들면서 성장할 수 있고 메타버스 플랫폼과 윈윈하는 파트너가 될 수 있다.

현실에서도 예술가의 작품성이나 개성을 드러낸 작품들이 큰 인기를 끌듯, 가상세계에서도 마찬가지다. 메타버스 사용자들은 가상세계에서의 창작물을 접할 때도 크리에이터들이 가진 고유의 개성과 작품성을 보고 즐긴다. 따라서 메타버스를 성장시키려면 개성 있는 예술가, 크리에이터와 협업하는 것도 좋은 방법이다.

현실세계의 로망을 실현하다, 구찌 가든

. . . . .

명품은 현실세계에서 많은 사람의 로망이다. 사람들은 명품을 갖고 싶어 하고 체험하고 싶어 한다. 구찌 가든은 이탈리아 피렌체에서 시작해서 도쿄, 상하이, 홍콩을 거쳐 서울의 동대문디자인플라자DDP에서도 열렸던 오프라인 전시다. 그런 구찌 가든 전시가 2021년 5월 로블록스에도 오픈했다.

구찌 가든을 제작한 인물은 루크 뱅가드Rook Vanguard로, 주로 가상 패션 아이템을 만들어왔다. 그는 현실세계에서 구찌 가든을 체험하고 싶어 하지만 여건상 그러지 못하는 고객들을 위해 가상 공간에서 구찌 브랜드를 체험할 수 있도록 로블록스 내에 구찌 가든을 만들었다고 한다. 가상 전시가 오픈하기 전에는 사람들이 실제 오프라인 공간에 방문해야만 구찌 가든을 볼 수 있었다. 하지만 가상 공간에 구찌 가든이 오픈되자, 실제로 어디에 살고 있는지와 상관없이 아바타를 통해서 직접 체험할 수 있었다. 많은 고객이 구찌 아이템을 보고, 입어보고, 구매했다. 그뿐만이 아니라 구찌 가든 내 수영장에서 수영하는 등 현실세계에서는 상상으로나 가능한 일들도 경험할 수 있었다. 뱅가드의 아이디어로 구찌 가든은 많은 고객에게서 긍정적인 피드백을 받았다.

가상 공간과 가상 아이템을 만들 때는 현실세계와 어떻게 연결할지, 현실세계의 욕망을 가상세계에서 어떻게 해결할지에 대한 고

그림 29 **실제 구찌 가든(위)과 패턴까지 닮은 가상 구찌 가든(아래)**

출처: 구찌 웹사이트(위), Peter Gasston 유튜브 채널(아래)

민이 필요하다. 뱅가드는 "창작 과정에는 원본 디자인을 신중하게 분석해서 로블록스로 가져오는 작업이 포함되어 있다. 로블록스에서 구현할 때 모든 것을 맞춤형으로 3D 패턴 메이킹을 하는 것이 필수적이다"라고 말했다. 실제 로블록스 내 구찌 가든은 오프라인 전시와 유사하게 제작됐다. 소파의 패턴이나 지하철 전시 공간, 화려한 복도 전시 공간 등 모두 현실세계에서 전시한 공간과 아이템을 유사하게 구현함으로써 실제 구찌 가든을 체험했거나 체험하고 싶어 하는 사람들이 가상 공간에서도 똑같이 경험할 수 있게 했다.

개성 있는 아티스트와의 협업, 나이키

· · · · ·

2021년 2월, 가상 신발 600켤레가 7분 만에 완판되어 310만 달러(약 37억 원)를 벌어들였다. 나이키가 인수한 가상 아이템 제작사인 아티팩트RTFKT가 젊은 아티스트 푸오셔스Fewocious와 협업한 가상 신발의 판매 수익이다.

빅터 랭루아Victor Langlois가 본명인 푸오셔스는 NFT 예술 세계에서 힙한 디지털 아티스트 중 하나다. 그는 성 정체성에 혼란을 느끼고 아버지에게 학대를 당하는 등 어려운 유년 시절을 보냈다. 그리고 열여덟 살 때 조부모 집을 떠나 현재 살고 있는 시애틀로 거주지를 옮기면서 본격적인 작품 활동을 시작했다. 그를 세상에 알린 것은

그림 30 **2021년 10월, 소더비 경매에서 280만 달러에 판매된 푸오셔스의 작품**

출처: 소더비 경매 웹사이트

크리스티 경매에 등장한 NFT 작품인데, 열네 살에서 열여덟 살까지 자기 삶의 이야기를 담고 있다. 이 작품은 216만 달러(약 26억 원)에 팔려 세계적으로 화제가 되었다. 사람들은 왜 그의 작품에 열광할까?

평범하지 않은 유년을 보낸 드라마 같은 삶, 그 삶이 반영된 작품, 강렬한 색상과 작가 특유의 스타일, 가상과 현실을 넘나드는 작품 활동 등 그의 삶은 누구나 호기심을 느끼게 하는 매력적인 스토리로 가득하다. 현실세계에서 사람들이 작품을 구매할 때 예술성과 취향을 고려하는 것처럼, 가상세계에서도 마찬가지다. 개성 넘치는 크리에이터의 작품을 갖는 것은 평범하지 않은 예술 작품을 소유하는 것과 동시에 나의 취향을 타인에게 보여주고 알릴 수 있는 행위다. 메타버스 플랫폼에서 독창적이고 자기 색깔이 분명한 아티스트들과의 협업이 중요한 이유가 바로 이것이다. 메타버스 플랫폼이 커지고 상호운용성이 강화될수록 나의 취향이 반영되는 독특한 가상 아이템이나 가상 작품들에 대한 사용자들의 니즈는 점점 더 커질 것이다.

메타버스 플랫폼에서 크리에이터의 참여는 메타버스의 성장을 이끈다. 기존에는 크리에이터가 플랫폼에 종속된 형태였다면, 메타버스 플랫폼에서 크리에이터는 동등한 관계의 파트너이자 메타버스 생태계를 견인하는 한 축이다. 따라서 메타버스 플랫폼은 크리에이터들이 창작 활동에 집중하고 자유롭게 놀 수 있는 크리에이터 스튜디오 역할을 해야 한다.

그뿐만이 아니라 크리에이터가 작품을 사용자들과 쉽고 빠르게 거래하고 소통할 수 있는 마켓플레이스와 소통 채널을 제공함으로써 충분한 보상을 받게 하는 것도 중요하다. 크리에이터들의 창작 활동이 늘어날수록 사용자들 또한 몰릴 것이고, 사용자들은 내 취향에 맞고 독창적인 작품을 갖고 싶어 하면서 크리에이터에게 계속

그림 31 **메타버스와 크리에이터의 관계**

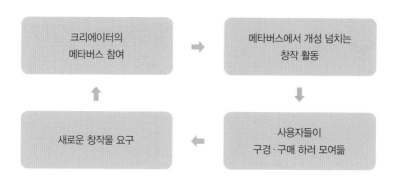

창작 활동을 요구할 것이다. 크리에이터의 참여와 메타버스의 성장은 이런 선순환 구조 속에서 함께 갈 수밖에 없다. 따라서 독창적인 크리에이터와의 협업은 선택이 아니라 필수다.

03

고객 경험을 다양하게 설계하라: 나이키

로블록스에 세워진 나이키랜드

· · · · ·

메타버스로 비즈니스하려는 나이키의 전략은 보다 담대하고 본격적이다. 2021년 1월 존 도나호John Donahoe 나이키 CEO가 보낸 사내 메일에서 메타버스에 대한 나이키의 의지를 알 수 있다.

"우리는 가상 제품 중심의 비즈니스를 구축하기 위해 나이키 버추얼 스튜디오Nike Virtual Studio를 설립할 것이다. 또한 동급 최고의 웹3.0, 메타버스 및 블록체인 기반 경험을 제공하기 위

메타버스 비즈니스 승자의 법칙

해 핵심 비즈니스와 협력할 것이며, 뉴욕과 로스앤젤레스에서 크리에이티브 커뮤니티를 지원할 것이다."

이를 보면 나이키의 지향점이 더 이상 운동하기에 좋은 실물 상품만을 판매하는 회사가 아님을 알 수 있다. 나이키와 나이키 제품을 둘러싼 더 나은 고객 경험을 제공하는 동시에 나이키를 좋아하는 팬들이 제품 및 서로와 더 잘 소통할 수 있게 하겠다는 지향점이 드러난다.

나이키는 2019년 포트나이트 게임에서 캐릭터가 착용할 수 있도록 조던 신발을 판매했고, 2021년 로블록스에 나이키랜드를 구축하면서 각종 온라인 상표를 출원했다. 그리고 2021년 12월, 가상 운동화를 제작하는 아티팩트를 인수하면서 본격적으로 메타버스에 발을 들여놓았다.

초기 포트나이트 게임에서 조던 신발을 판매할 때만 해도, 실물 상품을 판매하는 유통 업체가 게임 사용자들을 대상으로 한 마케팅 목적의 단순 협업이라는 해석이 많았다. 당시에는 각종 게임에서 오프라인 유통 업체들과 협업해 브랜드 아이템을 알리는 사례가 흔했기 때문이다. 하지만 2021년 11월 로블록스 내에 구축한 나이키랜드에서 'Just do it', '에어 조던', '스우시', '점프맨' 등 일곱 가지 로고에 대한 온라인 상표를 출원하면서 앞으로 온라인상의 가상 운동화, 의류 판매를 위해 철저한 준비를 하고 있음을 보여줬다. 특히 나이키는 타깃에게 맞춰 경험을 촘촘히 설계했다. 다양한 고객 경험을 제공하기 위해 나이키가 어떤 전략을 사용했는지 알아보자.

타깃 고객을 위한 공간 설계

· · · · ·

로블록스 나이키랜드는 실제 미국 오리건주에 있는 NWHNike World Headquarters에서 영감을 받아 제작됐다. 따라서 NWH를 직접 가봤거나 알고 있는 사람들은 나이키랜드를 경험할 때 실제 공간을 자연스럽게 떠올릴 수 있다. CU가 제페토에 한강공원점을 구축한 것과 유사한데, 실제 공간에 기반하되 상상력을 더해 공간을 구축함으로써 '사람들이 가고 싶은 마음이 들게' 했다. 코로나 때문에 또는 너무 멀리 떨어져 있어서 평소에 가고 싶었는데 못 갔던 공간이 가상 세계에 만들어졌기에 고객들은 그곳에 더 가고 싶어 했다.

나이키는 로블록스가 주로 Z세대가 즐기는 공간이라는 점을 고려하여 나이키랜드에 들어온 사용자들이 다양한 미니 게임을 직접 제작하고 즐길 수 있게 했다. 용암 위 걷기 게임, 태그 게임, 피구 게임 등을 즐길 수 있을 뿐만 아니라 넓은 나이키랜드를 돌아다니면서 코인을 획득할 수도 있다.

그림 32 **오리건주에 있는 NWH**

출처: 나이키 공식 웹사이트

그림 33 **오리건주 NWH에서 영감을 받은 나이키랜드**

출처: 나이키 공식 웹사이트

아바타와 아이템을 활용한 경험

나이키랜드 내 온라인 쇼룸에서 사용자들은 나이키의 아이템을 모두 착용해볼 수 있다. 전통적으로 인기 있는 신발인 에어포스1이나 나이키 블레이저뿐만 아니라 에어맥스2021 같은 신제품 및 각종 모자와 가방까지 착용할 수 있다. 사용자들은 가상 공간에서 다양한 신발과 아이템을 착용해봄으로써 나이키 제품을 간접적으로 이용할 수 있고, 나이키는 제품에 대한 고객 반응을 확인할 수 있다. 즉, 고객의 데이터가 쌓이는 과정이다. 고객 데이터는 신발 라인업 출시 등 신상품 기획에도 활용할 수 있기 때문에 가상 공간 내 아이템들을 자유롭게 이용할 수 있도록 유도하는 것이 중요하다.

온·오프라인을 연결하는 경험 제공

나이키랜드 속 아바타를 조종할 때는 스마트폰의 가속도 센서를 활용한다. 스마트폰을 흔들면 아바타가 빨리 달리거나 점프하는 등 '슈퍼 파워'가 활성화된다. 모바일에 익숙한 Z세대 및 알파세대가 게임으로 나이키를 즐길 수 있게 한 장치다.

뉴욕에 구축한 'NYC 하우스 오브 이노베이션NYC House of Innovation'은 온·오프라인을 잘 연결한 또 다른 사례다. NYC 하우스 오브 이노베이션에서 고객들은 로블록스의 나이키랜드를 오프라인으로도 경험할 수 있다. 나이키 제품으로 내 아바타를 바꾸거나, AR을 활용해 나이키랜드에서 경험한 미니 게임인 '플로어 이즈 라바Floor is Lava'

그림 34 **NYC 하우스 오브 이노베이션에서 즐기는 로블록스 게임**

출처: 원더맨톰슨(Wunderman Thompsom) 웹사이트

그림 35 **NYC 하우스 오브 이노베이션에서 즐기는 로블록스 AR 게임**

출처: 원더맨톰슨 웹사이트

를 즐길 수도 있다. 나이키는 이처럼 온·오프라인 체험을 연결하고, 오프라인에서도 각종 기기나 AR 기술을 통해 체험을 연결함으로써 차별화된 고객 경험을 제공하고 있다.

특히 2022년 2월 르브론 제임스LeBron James의 NBA 올스타전 귀환에 맞춘 이벤트는 온·오프라인 경험을 훌륭히 연결한 인상적인 사례다. 나이키는 LA 레이커스의 전설적인 농구 선수인 르브론 제임스의 올스타 귀환을 기념하며 '르브론19 Chosen 1' 신발을 제작했고 공식 웹사이트에 제작 배경을 알렸다. 올스타에 귀환하는 오프라인 계획에 맞춰서 가상 공간인 나이키랜드 안에서도 르브론 제임스와 함께 농구 미니 게임을 하거나 신제품인 르브론19 Chosen 1을 착용할 수 있게 했다. 과거에는 오프라인에서 신제품을 출시하고 판매하는 데 중점을 뒀지만, 이제는 그 제품을 둘러싼 배경과 이야기를 알리고 가상 공간 내에서 스타플레이어 아바타와 게임을 하거나 출시되지 않은 제품을 미리 경험하면서 해당 제품을 둘러싼 총체적인 경험을 할 수 있도록 했다.

이처럼 기존 메타버스 플랫폼에 가상 공간을 구축할 때는 타깃고객에 맞춰 공간과 경험을 설계하고, 아바타와 아이템을 활용해서 온·오프라인을 연결할 수 있는 경험을 제공하는 것이 중요하다. 이런 요소들을 충분히 고려하지 않는다면 메타버스 효과를 제대로 누리지 못한 채 일회성 이벤트에 그치고 말 것이다.

아티팩트 인수로 새로운 고객 경험을 설계하다

· · · · ·

나이키의 메타버스 전략을 가장 구체적이고 실제적으로 보여준 행보는 바로 가상 운동화 제작 스타트업인 아티팩트 인수다. 2020년 1월에 설립된 아티팩트는 게임엔진, NFT, 블록체인, AR 기술 등을 이용하여 가상 제품을 제작하며 주로 아티스트들과 협업하여 NFT 제품을 판매하는 기업이다. 앞서 언급했듯 아티스트 푸오셔스와 협업한 가상 운동화는 7분 만에 310만 달러 이상을 벌어들일 정도로 큰 인기를 끌었다. 그 외에도 아티팩트는 다양한 종류의 가상 스니커즈와 메타재킷meta jacket 등 패션 아이템들을 만들었으며, 아티스트

그림 36 푸오셔스와 협업한 가상 운동화(좌), 가상에서 착용 가능한 메타재킷(우)

출처: RTFKT 웹사이트(좌), RTFKT 인스타그램(우)

무라카미 다카시Takashi Murakami와 협업하여 아바타를 제작해서 판매하기도 했다.

아티팩트는 독보적인 기술을 활용해서 아티스트들과 협업하여 독자적인 디지털 패션 콘텐츠를 제작하고 판매함으로써 가상 공간을 제대로 경험하는 방법을 알려주고 있다. 아티팩트 창업자인 베누아 파고토Benoit Pagotto는 "새로운 세대에게 디지털 자산은 물리적 상품만큼 중요해지고 있다"라며, 가상 공간에서의 패션과 커머스 경험 제공에 대한 가능성을 언급했다.

아티팩트가 제공하고자 하는 새로운 고객 경험은 세 가지라고 할 수 있다. 바로 가상 제품의 '소유, 거래, 착용'이다. 여기서 나이키가 아티팩트를 인수한 이유이자 전략이 드러난다. 소유·거래·착용은 오프라인에서 한정판 나이키 조던 시리즈를 구매하는 고객 경험과 동일한데, 아티팩트를 통해 오프라인 경험을 온라인 공간으로 확장하여 가상 제품을 제작하고 가상 공간에서 가상 제품을 소유·거래·착용하게 하는 것이다. 나이키의 비즈니스 전략은 고객 경험을 기준으로 크게 세 가지로 나눠볼 수 있다.

갖고 싶게 하다(소유)

사람들은 자신이 좋아하는 무엇인가를 수집하곤 한다. 대표적인 사례가 미술 작품이다. 미술 작품을 사는 이유는 다양하겠지만 유명 아티스트가 작업했거나 나의 예술적 취향과 맞아떨어질 때 작품을 사고 싶어 한다. 즉 가상 신발이나 패션, 아바타도 예술적 아름다움을 갖춰야 한다. 많은 NFT 작품이 디지털 아티스트와의 협업으로 탄생하는 이유가 그것이다. 아티팩트도 디지털 아티스트인 푸오셔스나 무라카미 다카시와 협업함으로써 그들만의 예술적 취향을 가상 제품에 반영했다.

디지털 예술 작품이 그렇듯, 가상 상품도 미래적이거나 도전적이거나 실험적이거나 아티스트만의 유니크함을 잘 표현하는 게 중요하다. 따라서 '갖고 싶은 마음'이 들게끔 많은 아티스트와 협업을 진행할 수 있다.

팔고 싶게 하다(거래)

가상 제품들은 거래를 하기 위해 NFT 기반으로 만들어졌다. 소유 경험을 유지하게 하기 위해서는 고유한 권한인 소유권이 인증되어야 하며, 이를 가능하게 하는 것이 블록체인 기반의 소유권이다. 앞으로도 가상 상품은 거래를 위해 NFT 기반으로 제작될 것이다. 그래야 아티스트들도 소유가 보장된다는 생각에 더 적극적으로 작업에 임할 것이기 때문이다.

온 · 오프라인을 넘나들게 하다(착용)

'착용' 경험은 패션 작품이기 때문에 가능한 것이다. 오픈씨의 많은 NFT 작품은 PFP Profile Picture라 불리우는 아바타 카드 형태로 되어 있어서 나를 표현하는 하나의 수단이 될 수는 있지만 가상 공간에서 내가 그것을 착용할 방법은 없다. 하지만 아티팩트의 가상 제품들은 모두 신발, 재킷 등 패션 상품이기 때문에 착용이 가능하다. 컴퓨터그래픽 기술을 이용하여 실제 사진이나 영상과 합성함으로써 착용할 수 있게 한 것이다. 대표적인 예가 2020년에 공개한 일론 머스크Elon Musk의 신발 사진이다. 아티팩트가 테슬라Tesla의 사이버트럭Cyber Truck에서 영감을 받아 디자인한 신발이었다. 그뿐만이 아니라 푸오셔스와 협업한 스니커즈나 메타재킷도 모두 AR 필터를

그림 37 **일론 머스크가 착용한 가상 신발(좌), 푸오셔스와 협업한 가상 신발(우)**

출처: RTFKT 인스타그램(좌), RTFKT 웹사이트(우)

메타버스 비즈니스 승자의 법칙

통해 착용할 수 있다. 이 가상 신발들도 현실에서 직접 착용할 수는 없지만, 착용 사진은 남길 수 있다. 따라서 사용자들에게는 마치 실착(실제 착용)한 것과 같은 새로운 경험을 제공할 수 있다.

착용과 관련한 가장 흥미로운 경험은 포징 이벤트forging event로, 가상 신발과 똑같은 디자인의 실물 신발을 제공하는 행사다. 아티팩트는 크립토펑크와 협업해 가상 스니커즈를 제공하면서 동시에 실물 운동화도 하나씩 주는 포징 이벤트를 진행하기도 했다. 아티팩트는 이런 고객의 욕망을 잘 이해하고 NFT와 똑같은 실물 운동화도 제공함으로써 완전히 새로운 온·오프라인 경험을 만들었다.

나이키는 가상 제품을 만드는 회사를 인수함으로써 오프라인에서 그러했듯 온라인 환경에서도 매력적인 상품을 판매해 고객들이 나이키의 제품을 이용하게 하고 그들만의 커뮤니티를 구축하게 했다. 나이키랜드를 필두로 '고객 맞춤' 공간과 경험을 제공하는 나이키에 많은 사람이 열광하고 있다. 이처럼 고객 경험에 대한 깊은 고민과 촘촘한 설계가 메타버스 효과를 증폭시킬 수 있다.

04

NFT 커뮤니티와
협업하라: 아디다스

NFT 커뮤니티에 대한 진정성 있는 시작, 아디다스

· · · · ·

가상 제품을 만드는 회사를 인수함으로써 직접 가상 제품을 제작하려는 나이키와 다르게 아디다스는 웹3.0 기반 생태계에 뛰어들면서 인지도가 있는 기존 커뮤니티와의 협업부터 시작했다.

2021년 12월 17일, 아디다스는 '인투 더 메타버스Into the Metaverse'라는 NFT를 발표했다. 출시 몇 시간 만에 2만 9,620개가 판매돼 2,300만 달러(약 270억 원) 이상을 벌어들였는데, 짧은 시간에 많은 돈을 벌었다는 것보다 더 주목할 것은 아디다스가 메타버스에 진입한 방법이다. 앞서 살펴봤듯이 나이키는 메타버스 플랫폼 게임인 로블록스에 나이키랜드를 구축해 안정적으로 진입한 후, 아티팩트를 인수하면서 NFT 기반 가상 제품을 직접 제작하려 하고 있다. 반면 아디다스는 NFT 시장에 잘 알려진 BAYC, 지머니Gmoney, 펑크 코믹스Punks Comics와 협업해 바로 NFT를 발행함으로써 메타버스에 진입했다. 아디다스의 전략을 잘 이해하려면 아디다스가 누구와 어떻게 협업했는지부터 살펴보는 게 중요하다.

NFT 커뮤니티 OG, 리더와 협업

· · · · ·

2021년 11월 29일 BAYC 트위터에 올라온 이미지를 보면 원숭이 후디의 왼쪽 가슴팍에 순서대로 지머니, 펑크 코믹스, BAYC 로고가 박혀 있다. 아디다스가 메타버스와 NFT 시장에 진입하기 위해 이 분야에서 이미 이름이 잘 알려진 이들과 협업하면서 그들의 정신과 가치를 존중하고자 한 점이 눈에 띈다.

BAYC, 지머니, 펑크 코믹스와 협업

BAYC는 지미 펠런Jimmy Fallon, 스티븐 커리Stephen Curry, 에미넘Eminem 등 유명인들도 소유하고 있는 현재 가장 인기 있는 NFT 컬렉션 중 하나다. 2022년 마침내 NFT 원조 격인 크립토펑크를 제치고 가장

그림 38 **BAYC, 지머니, 펑크 코믹스와 협업한 아디다스**

출처: BAYC 트위터

비싼 NFT가 되면서 최저 가격이 무려 3억 원(2월 27일 기준, 89.19이 더)을 기록했다. '지루한 유인원'이라는 독특하고 재미있는 세계관뿐만이 아니라 NFT 보유자들의 IP를 인정하여 그들이 다양하게 활용할 수 있게 함으로써 커뮤니티들의 왕성한 활동을 이끌었다.

지머니는 NFT 인플루언서이자 수집가, 투자가다. 15년 동안 주식 트레이더로 일한 그는 NFT의 잠재력을 일찍부터 깨닫고 NFT 생태계에 들어왔다. 자신을 미래주의자, 파괴자, 유인원이라고 칭하는 그는 주황색 비니를 쓴 유인원 크립토펑크를 자랑하는 것으로 유명하다. 디지털 플렉스를 세상에 소개한 NFT OG[11]로서 NFT 커뮤니티에서 큰 영향력을 미치고 있다.

펑크 코믹스는 만화를 이용한 NFT 프로젝트로, NFT 수집가이자 인플루언서인 비니Beanie와 만화 제작을 하는 픽셀 볼트Pixel Vault가 운영한다. 2021년 5월 1만 개의 NFT를 발표했으며, 만화를 기반으로 이름·신체·배경 스토리 등 다채로운 내러티브를 제공하는 것이 특징이다.

가장 인기 있고 비싼 NFT를 발행한 BAYC, 일찍이 NFT의 잠재력을 강조한 OG인 지머니, 만화를 기반으로 독자적인 NFT를 구축하고 있는 펑크 코믹스 등 아디다스는 NFT 커뮤니티에 영향력을 갖고 있는 이들과 협업함으로써, NFT 커뮤니티와 이들의 문화를 존중한다는 진정성 있는 메시지를 보여주고 있다. 나이키가 대기업이 손쉽게 쓸 수 있는 전략인 M&A를 통해 메타버스와 NFT 시장에 진입한다면, 아디다스는 NFT 커뮤니티와 협업하는 독특한 세계관을 활용하여 소속감을 부여하는 방식으로 차별화 전략을 펼치고 있다.

NFT 세계관, 문화와 동화

BAYC가 전 세계에서 가장 인기 있는 NFT이자 커뮤니티가 된

---

11 Original Gangster, NFT 분야에 초기에 진입한 원년 멤버

그림 39 **크립토펑크 #8219와 이를 자랑하는 지머니**

그림 40 **크립토펑크 #2146과 이를 기반으로 만든 펑크 코믹스의 코트니**Courtney

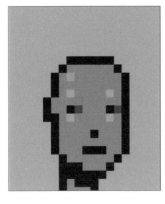

　　　　　　　　　　　　　　　메타버스 비즈니스 승자의 법칙

이유 중 하나는 BAYC NFT 보유자들의 독자적인 IP를 인정하여 상업적인 권리를 갖게 했기 때문이다. IP를 가지면 그것으로 새로운 세계관을 만들 수도 있고, 굿즈나 옷에 프린팅해서 수익을 창출할 수도 있다. 아디다스는 BAYC NFT #8774를 구매했고, #8774 IP를 활용해서 아디다스 오리지널스 NFT를 발행했다. 또한 BAYC의 문화와 세계관을 활용해서 '인디고 허츠Indigo Herz'라는 원숭이 캐릭터를 만들었으며, 펑크 코믹스와 협업하여 스토리를 만들어가면

그림 41 **아디다스 오리지널스 NFT**

출처: 오픈씨

그림 42 **펑크 코믹스 세계관에 들어간 아디다스**

출처: 펑크 코믹스 트위터

서 기존 NFT 커뮤니티 문화를 함께 즐기고 있다.

실물을 즐길 수 있도록 오프라인 상품을 함께 제공

아디다스는 NFT를 발행했을 뿐 아니라 실물 상품도 제공한다. 실물 상품은 모두 협업 파트너와 연관이 있다. BAYC의 인디고 허츠가 그려진 아디다스 운동복, 펑크 코믹스의 후디, 지머니의 오렌지 비니다. 2021년 12월에 NFT를 발행했고 실제 상품은 2022년에

NFT 보유자들에게 배송될 예정이다. 아디다스의 강점인 오프라인 상품을 NFT 보유자에게 제공함으로써 실물도 함께 가질 수 있는 새로운 경험을 제공한다.

추가 혜택 확대

이것이 끝이 아니다. NFT는 커뮤니티 기능을 확보하기 위해 로드맵을 갖고 단계적으로 혜택을 제공하는데, 아디다스도 4단계까지 구분해서 사용자들에게 단계별로 혜택을 제공하고 있다. 아디다스 웹사이트나 NFT 마켓플레이스에 가보면 이번 NFT는 1단계이고 총 4단계까지 준비하고 있음을 알 수 있다. 이후에는 새로운 NFT를 발행할 수도 있고 또 다른 혜택을 제공할 수도 있다.

중요한 점은 1단계에서 NFT를 구매한 사람들은 추가적인 혜택을 받을 가능성이 크다는 것이다. 실제로 1단계에서 발행한 2만 9,620개의 NFT 중 2만 개는 이미 BAYC, 지머니, 픽셀 볼트 NFT를 보유한 사람들에게 먼저 제공했다. 앞으로 발행될 NFT도 어떤 식으로든 1단계 구매자에게 새로운 혜택을 부여할 가능성이 크다.

그뿐만이 아니라 아디다스는 더샌드박스에 가상 토지를 확보했는데 가상 토지 내에서도 기존 NFT와 결합하여 다양한 이벤트와 경험을 제공할 것으로 보인다. 아디다스는 NFT를 구매하여 내 취향을 반영한 수집품을 모으게 하는 것을 넘어 지속적으로 발전된 혜택을 제공함으로써 아디다스라는 커뮤니티의 결속력을 강화하고자 한다.

앞의 네 가지 전략을 보았을 때 아디다스는 NFT 문화를 제대로 즐기고 있다는 생각이 든다. 기존 NFT 커뮤니티 속으로 들어가 OG, 인플루언서들과 협업하면서 그들의 세계관과 문화를 이해하려는 노력이 엿보인다. 그뿐만이 아니라 협업하는 파트너들의 특징을 최대한 살리면서도 아디다스만의 독자적인 커뮤니티를 구축하고자 하는 모습도 눈에 띈다.

나이키와 아디다스는 전 세계에서 가장 유명한 1, 2위 스포츠 브랜드다. 그동안 두 브랜드는 실물 상품 판매가 중심이었으며, 좋은 상품을 만들면서 최정상에 올랐다. 두 브랜드를 떠올리면 그들만의 독특한 문화와 커뮤니티가 함께 떠오른다. 나이키와 아디다스가 메타버스와 NFT 시장에 진입하는 가장 중요한 목적은 그들만의 결속력 강한 커뮤니티를 만드는 것이다. 두 브랜드 모두 새로운 세대를 위한 새로운 방식으로 차별화된 커뮤니티 전략을 꾀하고 있다. 방식은 다소 다를 수 있지만 두 브랜드 모두 독자적인 커뮤니티를 구축하고 결속력을 공고히 하기 위해 노력하고 있다. 메타버스와 NFT 시장은 아직 초기이고 잠재력이 무궁무진하기 때문에 여러 실험과 도전, 심지어 실패의 경험도 중요하다. 그들이 어떻게 커뮤니티를 새롭게 구축하는지, NFT와 메타버스를 커뮤니티에 어떻게 활용할지 그 커뮤니티들이 앞으로 어떻게 신화해갈지 기대된다.

METAVERSE

WINNER

TAKES ALL

메타버스 신사업
기획하기

METAVERSE W1

3부는 실질적으로 메타버스 신사업 기획 과정을 보여주는 파트다. 선도적 메타버스를 만들려면 주의할 점은 무엇인지, 어떻게 비즈니스를 전개해야 하는지 '하우투(How to)'를 담았다. 또한 실제 가상 오피스 메타버스를 기획하는 과정, 패션 서비스에서 메타버스를 효율적으로 활용할 수 있는 과정을 실었다. 가상 오피스를 만들기 위해 고객 경험 분석 및 설정, 아바타와 메타버스 콘셉트 설계, 자유도 등 과정을 생생하게 그렸다. 따라서 실제 메타버스를 만들기 전에 시뮬레이션, 즉 간접 경험을 제대로 할 수 있다.

무엇이든 아는 만큼 보인다. 모른 채 무작정 시작하면 자원만 낭비하게 된다. 영리하게 전략을 세워 가장 효율적인 메타버스 비즈니스를 시작하라.

5장

1등 메타버스를 기획하는 방법

01

메타버스 구축의
골든 서클

결국, 고객 경험이 전부다

• • • • •

고객에게 환호받고 지속적으로 유지되는 메타버스를 만들고자 할 때 가장 중요한 것은 무엇일까? 기술, 마케팅, 홍보, 기획 등 많은 것이 떠오르겠지만 사실 중요한 것은 단 하나다. 바로 '고객이 어떤 욕망을 갖고 있고 어떤 문제를 해결하기 원하는가?'를 생각해보면 된다. '메타버스로 인해서 고객의 무엇이 좋아지는가?', 즉 '고객 경험$_{CX}$'이 무엇일지, 어떻게 차별화할 수 있을지 상상해보는 것이다.

하버드 경영대학원 교수인 탈레스 테이셰이라Thales Teixeira는 《디커

플링》에서 디지털 혁신의 핵심으로 '고객 행동의 약한 고리를 끊을 것'을 언급하면서 고객의 전체 여정 중 중요한 순간에 특별한 고객 경험을 제공할 것을 강조했다. 메타버스에서도 각 요소가 어떤 고객 가치를 줄 수 있을지 고민하는 것이 가장 중요하며, 이것이야말로 메타버스를 성공으로 이끄는 열쇠다.

메타버스 고객 경험의 시작, 실재감

· · · · ·

메타버스 고객 경험 설계는 앞서 메타버스의 다섯 가지 속성 중 하나로 들었던 실재감에서 시작된다. 매슈 볼Matthew Ball은 《더 메타버스The Metaverse》에서 메타버스의 속성 중 하나로 실재감을 꼽았다. 한국의 메타버스 전문가인 김상균 교수도 메타버스의 다섯 가지 특징으로 연속성Seamlessness, 실재감Presence, 상호운용성Interoperability, 동시성Concurrence, 경제흐름Economy Flow의 앞글자를 딴 특징으로 'SPICE'를 소개하면서 실재감을 강조했다. 실재감은 '어딘가에 존재한다는 느낌 또는 지각the sense of being there'을 의미한다.

일상에서 함께 존재한다는 느낌을 받고 싶었던 적이 있을 것이다. 예로, 재택근무를 하면서 화상회의할 때 줌을 사용하지만 같이 근무한다는 느낌이나 소속감을 느끼기는 힘들다. 같이 응원한다고 느끼기 위해 야구장에 가고, 좋아하는 밴드나 아이돌을 직접 보면서 같은 공간에 함께 있다고 느끼기 위해 현장 콘서트에 간다.

우리는 깨어 있는 시간 대부분을 스마트폰을 통해 인터넷에 접속해 있지만, 온라인 세상에 접속·연결되어 있을 뿐 같이 존재한다는 느낌은 받지 못한다. 페이스북 피드에 다른 사람들이 올리는 글을 보고 있지만, 페이스북 내에 함께 존재하는 것이 아니고 이전에 다른 사람들이 페이스북 서버에 올린 글들을 지금 내가 보고 있는 것일 뿐이다. 페이스북에는 시간이나 공간의 차이를 줄일 수 있는 요소가 없다.

하지만 메타버스는 다르다. 정말 '함께 접속'하기 때문에 시차가 없고, 내 아바타가 공간에 존재하기 때문에 함께 존재한다고 느낄 수 있어서 물리적 거리감이 없다. 기존 인터넷은 공간적 간극을 줄여주지 못한다. 우리는 인터넷을 사용하고 있지만 인터넷이 채우지 못하는 공간적 간극을 줄이기 위해 실제로 시간과 돈을 써가면서 콘서트에 가고, 여행을 가고, 강의를 듣고, 회사에 가는 것이다. 우리가 오프라인 환경에서 함께 존재한다는 느낌을 필요로 하는 대부분의 영역 중 지금의 인터넷이 하기 힘든 것이 고객 경험인데, 이를 메타버스가 제공할 수 있다.

예를 들어, 페이스북에서 사용자는 시각적으로 하나의 계정이나 대화명 또는 프로필 사진 정도로만 존재한다. 그런데 메타버스에서 이용자는 시각적으로 가상의 공간이 있고 그 안에서 나의 아바타가 다른 이용자의 아바타와 함께 있기 때문에 그것만으로도 함께 있다는 느낌을 가지게 된다.

이것이 메타버스의 가치이고 기회다. '함께 존재한다는 느낌'은 존재한다는 느낌 자체만이 아니라 '함께 존재하면서 할 수 있는 모든 경험'을 뜻한다. 이런 경험이 오프라인을 대체할 수도 있고, 오프라인에서 느끼지 못하는 새로운 경험이 될 수도 있다. 메타버스는 기존에 인터넷이 하던 일들을 모두 수행하면서 '함께 존재하면서 할 수 있는 새로운 경험'들을 제공해야 한다.

메타버스가 3차원일 필요는 없다

· · · · ·

실재감은 '어딘가에 존재한다는 느낌'이라고 했다. '어딘가에'는 공간이라는 요소를 연상시키고 '존재한다는 느낌'에서는 아바타가 연상된다. 메타버스의 중요한 요소들로 공간과 아바타를 자주 언급하는 이유가 여기에 있다. 실제로 1인칭 시점의 3D 게임을 할 때 선택한 캐릭터를 좌우로 움직이다 보면 내가 마치 게임 속 캐릭터인 듯한 느낌이 든다. 게임에서는 과제를 하거나 적을 무찌르는 행위가 게임 내에서 수행해야 하는 미션으로 설정되어 있기 때문에 실제 내 삶과 연관되지 않고 오직 즐거움만 느낀다. 하지만 메타버스에서의 아바타 활동은 내가 현실에서도 하고 있는 일, 쇼핑, 영화나 콘서트를 관람하는 식섭적인 경험과 관련이 있기 때문에 세임보다 더 실재감을 느끼게 한다.

흥미로운 점은 아바타와 공간이 반드시 2D, 3D, 심지어 그래픽일 필요가 없다는 것이다. 실재감은 물리적 환경과 가상 공간의 간극을 줄이는 것이 핵심인데, 그 간극을 줄이기 위해 시각·청각·촉각 등 다양한 감각들을 활용할 수도 있다. 말하자면 '3D인가 아닌가'가 중요한 것이 아니라 '고객이 그 공간에서 얼마나 실재감을 느낄 수 있는가'가 중요하다는 뜻이다.

예로, 공간 음향[12]도 실재감을 느끼게 해줄 수 있다. 하이 피델리티는 공간 음향을 구현함으로써 사용자가 실재감을 느끼고 대화에 적극적으로 참여하게 한다. 공간 음향은 장시간의 화상회의에서 오는 줌 피로Zoon fatigue도 해결해주며, 이에 따라 사용자들은 더 자연스럽게 소통할 수 있다. 이처럼 3D를 활용한 아바타나 공간은 메타버스상에서 실재감을 주기 위해 가장 쉽게 활용할 수 있지만 그것이 전부는 아니다. 앞서도 소개했듯이, 게임 서비스 플랫폼 비머블의 CEO이자 게임 디자이너인 존 레이도프의 이야기에서 이 점이 명확히 드러난다. "사람들이 메타버스를 3D로 생각하는데, 메타버스는 3D, 2D가 아니고 반드시 그래픽일 필요도 없다. 이는 물리적 공간, 거리, 객체에 대한 거침없는 탈물질화에 관한 것이다."

---

12 spatial audio, 라이브 콘서트처럼 몰입감을 높이기 위한 오디오 증폭 및 스피커 기술

고객의 문제는 무엇인가, 'why'

· · · · ·

많은 회사가 메타버스를 활용하려면 무엇부터 해야 하느냐고 묻는다. 게더타운을 어떻게 활용하는지, 로블록스를 어떻게 활용하는지 등 말이다. 그런데 메타버스를 어떻게 활용할지 정하기 전에 해야할 일이 있다. 바로 '왜 메타버스라는 수단을 선택했는지' 명확한 이유를 아는 것이다. 기업에서 비즈니스 전략을 세우거나 상품을 기획·마케팅할 때 가장 중요한 것은 그 전략이나 상품, 마케팅이 고객의 어떤 문제를 해결해주는지다. 즉, 고객의 문제가 무엇인지부터 파악해야 한다. 고객의 문제와 니즈가 무엇인지 알면 그 고객에게 어떤 가치를 제공해야 하는지 알 수 있고, 그 가치를 어떻게 제공해야 하는지도 알 수 있다.

예로, 게더타운을 들 수 있다. 코로나로 재택근무가 일상화된 상황에서 우리는 동료 직원이 지금 바로 연락 가능한 상황인지 알기가 힘들다. 연락을 하기 위해 메신저나 카카오톡으로 물어보고 전화를 한다. 줌이나 구글미트Google Meet 같은 화상회의 프로그램이 있지만 여전히 직원들은 연락을 하기가 번거롭고 같이 일한다는 소속감을 느끼기 힘들다. 이것이 고객들이 느끼는 문제이자 불편함이다. 게더타운은 여타 서비스와 달리 각자의 아바타를 통해 상호작용(소통)이 가능하다. 한 공간에 25명까지 무료 입장이 가능하며, 아바타와 함께 화상회의 화면을 띄울 수 있다. 이런 장치로 비대면 근무의 피로도를 낮춰주고 있다는 평가를 받고 있다. 이렇듯 어떤 전략을 수립하기 전에 그 전략을 왜 세워야 하는지, 고객의 어떤 문제를 해결해주는지 아는 것이 중요하다.

고객의 문제를 알기 위해서는 고객을 만나야 한다. 고객의 여정과 문제를 알 수 있는 가장 손쉬운 방법은 고객 인터뷰다. 물론 정성 조사를 할 수도 있고 정량 조사를 할 수도 있다. SNS상에 사람들이 자주 올리는 피드나 해시태그 분석을 할 수도 있고, 고객들이 자주 가는 사이트나 커뮤니티의 게시글을 통해 실제 고객의 문제를 찾을 수도 있다. 고객을 관찰하는 방법도 있다. 하지만 이 중에서 고객의 문제를 잘 파악하고 가장 심층적으로 이해하는 방법은 1:1 인터뷰다. 이 방법은 오프라인이든 온라인이든 동일하게 적용할 수 있다. 백화점을 운영하는 기업은 백화점에 방문하는 고객들의 문제를 알아야 하고, 서점을 운영하는 기업은 책을 구매하는 고객들을 만나서 직접 그들의 니즈를 물어봐야 한다. 1:1 인터뷰를 할 때는 온라인과 오프라인의 경험을 모두 물어보는 것이 좋다. 요즘의 고객은 온·오프라인을 넘나들며 정보를 모으고 제품을 구매하기 때문이다.

만약 고객이 평일에 옷을 사거나 물건을 구매할 때 주로 온라인 쇼핑을 하면서 때로는 오프라인 매장에 간다면, 왜 평일에는 온라인 쇼핑을 하는지 그리고 오프라인 매장에 가는 건 무엇을 위해서인지를 알아야 한다. 예를 들면 평일에는 직장에 다니느라 시간을 내기 어렵기 때문에 필요한 옷을 온라인 장바구니에 넣어놓고, 주말에 실제 오프라인 매장에 가서 입어보고 사이즈, 색상 등이 잘 어울리는지 확인할 수도 있다. 아니면 평일에는 온라인으로 옷을 구매하고 주말에는 친구들과 함께 매장의 현장 분위기를 즐기기 위해 오프라인 매장에 갈 수도 있다. 이처럼 고객의 여정과 문제는 저마다 다르다. 고객의 문제가 무엇인지에 따라 어떤 전략을 사용해 어떻게 해결해야 할지도 달라지기 때문에 가장 먼저 고객 문제를 알아야 한다.

핵심 고객 경험을 구체화하라, 'What'

· · · · ·

고객의 문제가 무엇인지 확인한 뒤에는 그들에게 어떤 고객 경험과 고객 가치를 제공할지를 명확히 해야 한다. 고객의 문제들과 언메트 니즈unmet needs, 즉 충족되지 않은 니즈 중에서 중요하고 심각한 문제를 찾아내고 이 경험을 구체화한다. 그것이 비즈니스 전략 방향을 수립하는 과정이다.

상품을 기획한다고 할 때 여러 기능이 혼재되어 혼란스러운 상황이라고 가정해보자. 그중 중요한 기능만을 뽑아서 구현해야 할 것이다. 핵심 기능을 선정할 때 제공해야 할 고객 경험에 부합하는지 아닌지를 살펴보고 우선순위를 정할 수 있다. 얼핏 봤을 때 중요한 듯해도 중요하게 생각하는 고객 경험에 부합하지 않는다면 후순위로 밀릴 것이다.

예를 들어, 가상 오피스 메타버스를 구축한다고 가정하고 재택근무를 할 때 고객의 불편한 점과 언메트 니즈를 알아보자. 재택근무 시 회의가 열리는데, 화상회의에 접속하고 시작하는 과정이 번거로울 수 있다. 그리고 상대가 바로 연락을 받을 수 있는 상황인지 얼마나 바쁜지 알기가 어렵다. 각자 집에서 일하기 때문에 가벼운 대화나 잡담, 스몰토크 등 의사소통을 하기도 힘들다. 소속감을 느끼기도 힘들고 같이 일한다는 느낌도 가지기 어렵다. 일하는 공간과 생활하는 공간이 같기 때문에 일과 삶의 분리가 안 되어 일에 몰입하기가 어려울 수도 있다. 이런 여러 가지 문제 중 조직에서 해결하고자 하는 중요하고 심각한 문제를 선택해야 한다.

그중에서 가벼운 소통과 상호작용이 힘들다는 점을 가장 중요한 문제로 정할 경우, 우리가 제공해야 할 핵심 고객 경험은 '쉽고 자유롭게 소통하고 상호작용하는 것'이다. 그리고 이것은 우리가 앞으로 솔루션을 제공할 때 중요한 전략 방향이나 목적이 될 수 있다. 따라서 해당 고객 경험을 제대로 충족하지 못하는 기능들은 제외해야 한다. 우리가 설정한 전략 방향과 거리가 있기 때문이다.

핵심 고객 경험을 구체화하는 과정에서 기존에 있는 서비스를 활용할 수도 있다. 이미 출시된 서비스를 사용해보면서 각각의 요소가 고객 경험에 어떻게 활용되는지를 명확히 이해하는 것이다.

예컨대 게더타운이나 로블록스 같은 메타버스 서비스를 활용해보면 고객의 문제를 기존에 나와 있는 서비스로 어떻게 해결solution할 수 있는지, 어떤 부분을 여전히 충족시켜주지 못하는지를 알 수 있다. 그런 과정에서 기존 솔루션이 제공하는 가치와 한계를 동시에 이해할 수 있다. 동시에 메타버스 구성 요소인 아바타나 버추얼 월드 등을 어떻게 제공하는 게 좋을지를 고민하면 된다.

실제로 부동산 앱 서비스 직방은 자체 메타버스 가상 오피스 솔루션인 '메타폴리스'를 구축할 때 사전에 전사적으로 게더타운을 활용했다고 한다. 게더타운을 직접 사용하면서 기존 메타버스 솔루션이 어떤 고객 경험을 제공해주는지를 이해하고 한계도 파악한 것이다. 문제를 미리 파악하면 앞으로 솔루션을 만들 때 어떤 점을 중점

그림 43 **메타버스 구축 과정의 골든 서클**

1. 고객의 문제·니즈를 알고
2. 고객 경험을 구체화하고
3. 메타버스 요소를 알고, 실험하고
4. 메타버스를 활용, 문제를 해결한다

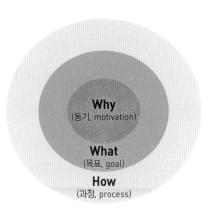

메타버스 비즈니스 승자의 법칙

으로 고려해야 할지를 구체화하는 데 도움이 된다.

메타버스 각 요소를 정의하라, 'How'

• • • • •

고객의 문제도 알고 그 문제를 해결할 고객 경험도 구체화했다. 기존 메타버스 솔루션을 사용해보면서 메타버스 요소와 기존 솔루션의 장점 및 한계도 이해했다. 그러면 내가 설정한 핵심 고객 경험을 제공하기 위해 메타버스를 어떻게 활용할지를 정해야 한다. 활용도를 구체화하는 과정에서 메타버스의 각 요소를 구체적으로 어떤 수준까지 구현할지를 정의해야 한다. 이때 구체적인 메타버스 UX~User Experience~ 설계가 필요할 수도 있고, 제휴해야 하는 콘텐츠나 다른 서비스가 필요할 수도 있다. 그리고 비즈니스 모델이나 가격 정책을 구체화해야 할 수도 있다.

예컨대 직방은 제공해야 할 핵심 가치이자 전략 방향을 '가상 오피스 임대'로 정의하고, 가상 오피스가 필요한 회사를 위해 가상공간을 임대해주는 메타폴리스를 구축했다. 메타폴리스를 구축하는 과정은 곧 메타버스의 각 요소를 상세하게 정의하는 과정이다. 이 과정에서 아바타를 2D로 할지 3D로 할지, 공간 오디오로 아바타를 구분할지 다른 방법을 쓸지 정해야 한다. 비즈니스 타깃이 창작활동 자유도를 중요시하는 고객이면 다채롭고 사용하기 쉬운 창작

그림 44 **직방의 메타폴리스 회의 장면(좌), 롯데건설과 제휴한 화면(우)**

툴을 제공해야 하며, NFT를 비롯한 가상 경제도 신경 써야 한다.

게더타운은 2D 아바타에 고전 게임 같은 디자인이지만, 직방의 메타폴리스는 3D 아바타와 공간을 활용한다. 가상 오피스에서의 3D는 아바타 간 인터랙션을 더 많이 활용할 수 있기 때문이다. 직방이 동료 간의 인터랙션을 얼마나 중요하게 생각하는지 알 수 있는 대목이다. 아바타를 3D로 구현하면 사용자가 꾸밀 수 있는 아바타의 범위도 넓어진다. 그리고 아바타의 제스처를 통해서 다양한 표현도 가능하다. 가상 회의실 안에서 화면을 공유하면서 실제 화면을 같이 보는 듯한 경험도 제공할 수 있다.

직방은 메타폴리스 내에 롯데건설 사옥을 만들었다. 롯데건설은 그 가상 사옥 안에 모델하우스를 구축하고 신입사원 채용 설명회를 진행하기도 했다. 또한 2022년 3월, 아워홈도 직원들의 소통과 원활한 비대면 업무를 위해 상반기 중 메타폴리스에 고객상담센터를 입주하기로 했다. 직방이 추구하는 고객 경험은 임대가 필요한 회사들에 가상 빌딩을 제공함으로써 각 기업이 고객들을 만나고, 직원들이 근무할 수 있도록 기업의 전방위적인 활용을 도와주는 것이다.

핵심 고객 경험과 전략 방향이 가장 중요

• • • • •

같은 가상 오피스 솔루션이라고 하더라도 핵심 고객 경험과 전략 방향은 저마다 다를 수 있다. 솔루션의 차이는 메타버스 요소들의 차이로 알 수 있다. 이는 아바타, 공간, 콘텐츠, 크리에이션 툴 제공만이 아니라 솔루션 내에서 가상 화폐를 활용하는 방식에도 영향을 미친다.

줌과 구글미트는 같은 화상회의 툴이지만 추구하는 고객 경험과 전략 방향이 다르다. 예로, 줌은 안정적인 화상회의 품질이나 대규모 회의를 가능하게 하는 것을 중요한 고객 경험으로 설정했기 때문에 구글미트보다 많은 사람과 동시에 회의를 할 수 있고 품질도 안정적이라는 평가를 받는다. 그리고 구글미트는 접근성을 핵심 고객 경험으로 설정했기 때문에 회의 링크를 생성하고 공유하는 과정이 줌보다 쉽다는 장점이 있다.

그 밖에도 스페이셜Spatial은 공동 작업이나 협업을 쉽게 하는 게 중요하다고 설정했기 때문에 3D 아바타를 사용하고 포스트잇이나

그림 45 **게더타운, 스페이셜, 버벨라, 소워크 화면(왼쪽 위부터 시계 방향으로)**

출처: 게더타운 웹사이트(왼쪽 상단), 스페이셜 웹사이트(오른쪽 상단)

메모 기능을 제공하고 있다. 버벨라VirBELA는 전시, 세미나에 좀 더 특화된 공간을 제공하고 있다. 소워크sowork는 내 사무실 공간을 다양하게 꾸밀 수 있는 기능을 제공하면서 아바타 간 인터랙션을 다양하고 쉽게 한다는 장점이 있다.

앞서도 이야기했지만, 메타버스를 구축할 때 가장 중요한 것은 고객 경험이다. 내가 정의한 고객이 누구이고 그들의 문제가 무엇인지(why), 그들에게 제공해야 할 고객 경험이 무엇인지(what)를 제대로 정하는 게 중요하다. 그것에 따라 고객에게 전달할 솔루션이나 방식(how)이 달라지기 때문이다.

02

메타버스 기획 시
주의할 점

메타버스를 구축하겠다는 회사들이 앞다투어 나오고 있다. 신한금융그룹은 자체 메타버스 플랫폼인 '메타베스트' 출시를 발표했다. 롯데그룹도 그룹사 차원에서 메타버스 전략을 추진하면서 2022년 2분기 메타버스 플랫폼 출시를 계획 중이고, 컴투스Com2uS는 메타버스 가상 도시인 '컴투버스'를 준비하고 있다.

심지어 서울시는 2021년 11월, '5개년 메타버스 서울 추진 기본계획(2022~2026)'을 내놓으면서 1단계로 2022년에 메타버스 플랫폼 구축 및 경제·교육·관광 등 7개 서비스를 도입하는 데 총 39억 원을 투입하겠다고 밝혔다.

마치 메타버스를 하지 않으면 큰 흐름을 놓치기라도 하듯 정부, 기업, 개인 모두 FOMO[13]에 빠져 있는 것 같다. 하지만 그럴 때일수록 신중해야 한다. 메타버스 플랫폼을 구축하는 비용은 앱 개발과 비교가 안 될 만큼 크기 때문이다. 서울시가 39억 원을 투입하겠다는 것만 봐도 메타버스는 앱 개발과 비교해서 훨씬 더 많은 비용을 들여야 함을 알 수 있다. 따라서 비용 낭비가 발생하지 않게 초기 설계부터 탄탄히 해야 한다. 메타버스를 구축할 때 특히 주의해야 할 점을 알아보자.

고객 이점을 명확히 하라

· · · · ·

메타버스를 구축할 때는 그 이유가 명확해야 한다. 즉, 직접 구축했을 때의 명확한 사용 시나리오와 고객 이점이 있어야 한다. 제공하고자 하는 고객 경험이 기존 메타버스 플랫폼을 활용해도 가능하다면 굳이 많은 돈을 들여서 메타버스 플랫폼을 구축할 필요가 없다. 2022년 1월 〈조선일보〉는 세금 수십억 쓴 '공공 메타버스'에 대한 기사를 발행했다(표 7). 공공기관이 메타버스라는 유행에 편승해서 급하게, 많은 비용을 들여 메타버스 플랫폼을 구축하고 있다는 내

---

13 fear of missing out, 트렌드 등을 놓치는 것에 대한 두려움을 말한다.

용이다. 2021년 11월 중소벤처기업부 창업진흥원에서 5,000만 원을 들여 지역 브랜드들을 위한 메타버스 축제를 위해 '로컬페스타'를 구축했지만 누적 방문자는 고작 489명뿐이라고 밝혔다. 이뿐만이 아니라 울산 콘텐츠기업지원센터나 인천 서구, 전남정보문화산업진흥원에서도 자체 메타버스를 구축하고 있는데, 구체적인 사용 시나리오가 없다면 세금만 낭비할 가능성이 크다.

표 7 공공 메타버스 개발 사례

구분	공개 시기	개발 비용	용도
중소벤처기업부 창업진흥원	2021년 11월	500만 원	가상 로컬 브랜드 축제
한국방송통신전파진흥원 '전파진흥원 창립 기념식'	2021년 7월	2,000만 원	가상 창립기념식
울산 콘텐츠기업지원센터 '플레이 울산 바이브'	개발 중	1억 3,700만 원	가상 오피스, 기업 전시 공간
인천광역시 서구 '서구 메타버스'	개발 중	1억 6,000만 원	가상 구청
전라북도 선관위 '메타버스 선거체험관'	개발 중	3,300만 원	선거 역사 전시관, 투표 체험실
전남정보문화산업진흥원 '전남 메타버스 관광 플랫폼'	개발 중	4억 1,400만 원	가상 전남 관광

| 부산테크노파크
'부산시 메타버스
관광 플랫폼' | 개발 중 | 2억 원 | 가상 부산 관광 |
| 제주도관광협회
'제주관광 메타버스 홍보관' | 개발 중 | 6,300만 원 | 가상 홍보관 |

출처: 〈조선일보〉, "[NOW] 세금 수십억 쓴 '공공 메타버스'…볼거리가 없네", 2022.1.8.

예를 들어, 스페이셜은 가상 공간에서 협업하는 데 도움을 주기 위해 설계됐다. 특히, '창의성'을 놓치기 쉬운 가상 회의의 문제점을 보완해준다. 스페이셜에는 아바타 회의, 홀로그램 텔레포트, 필요 자료를 검색하고 이미지를 바로 회의 공간에 띄우는 등의 요소가 있다. 또한 나로부터 왼편에 있는 동료가 말하면 실제 디바이스의 왼쪽에서 들리게 하는 등 디테일도 구현했다. 불편함을 줄이고 생생함을 더해 사람들이 사무실에 있는 것과 같이 창의성을 발현할 수 있도록 돕는 것이다.

기존 메타버스 서비스로 고객 경험을 제공할 수 있다면 굳이 메타버스 플랫폼을 직접 구축하지 않아도 된다. 앞서 언급한 창업진흥원의 로컬페스타는 축제 기간이 짧고, '정보 제공과 가벼운 소통'이 주요한 시나리오였다. 따라서 자체 구축보다는 기존에 있는 게더타운을 활용했다면 저렴한 비용으로 충분히 효율적인 축제 공간을 만들 수 있었을 것이다.

메타버스 비즈니스 승자의 법칙

플랫폼의 역할과 범위를 구체화하라

· · · · ·

메타버스 플랫폼은 기본적으로 개방성을 지향하기 때문에 플랫폼의 양쪽 참여자들을 위한 기능을 제공해야 한다. 대표적인 블록체인 기반 메타버스 플랫폼인 더샌드박스는 플랫폼이 창작자에게 가상 부동산인 랜드를 제공하고, 창작자가 랜드를 활용해서 가상 공간을 구축할 수 있게 했다. 또한 크리에이터들이 랜드 내에 아바타와 아이템, 게임을 만들 수 있게 했다. 이곳에서 사용자들은 아바타와 아이템을 사용하거나 게임을 즐길 수 있다. 더샌드박스는 랜드·아이템·게임에 모두 고유한 권한을 부여함으로써 크리에이터의 창작 활동을 지원했고, 사용자들이 창작물인 각종 아이템이나 게임을 구매하여 즐길 수 있게 했다. 메타버스 요소 중 개방성과 경제활동을 제공함으로써 창작자와 파트너를 통해 함께 성장하는 것을 전략적 방향으로 선택한 것이다.

2021년 9월, 미국 래퍼 스눕독Snoop Dogg이 더샌드박스 내에 자신의 가상세계인 스눕버스를 구축했다. 크리에이터들은 다양한 아바타와 아이템을 만들고, 사용자들은 스눕독 아바타 NFT를 구매하거나 스눕버스의 땅을 구매할 수도 있다. 그뿐만이 아니라 가상 콘서트와 갤러리를 참관할 수 있는 NFT 입장권도 구매할 수 있다. 그리고 이 모든 것을 외부 NFT 마켓플레이스인 오픈씨에서 거래할 수 있다. 실제로 2021년 12월, 누군가가 스눕버스 내 랜드를 50만 달러(약 6억 원)에 구매했다. 이와 같이 사용자들은 잠재 가치가 높은 가상 공간을 투자 목적으로 구매할 수도 있고 스눕버스를 구축하는 데 함께 참여할 수도 있다.

창작 활동과 거래를 플랫폼의 역할로 정함에 따라 더샌드박스는 블록체인 기술을 플랫폼 근간에 활용하기로 했고, 자체 크리에이터 툴과 마켓플레이스를 구축했다. 로블록스나 제페토에도 로벅스나 잼Zem 등의 자체 화폐가 있긴 하지만, NFT 기반이 아니기 때문에 오픈씨 같은 외부 플랫폼에서 거래가 불가능하다. 이처럼 메타버스 플랫폼을 구축할 때는 창작 활동을 얼마나 지원할지, 거래 환경을 얼마나 조성할지 등 범위에 따라 크리에이터 툴과 마켓플레이스 설계가 정해진다.

사용 시나리오에 맞는 UX를 구체화하라

· · · · ·

사용 시나리오와 고객 이점이 명확해진 다음에는 이것을 사용자에게 전달할 UX를 설계해야 한다. 이때는 메타버스 구성 요소인 아바타, 버추얼 월드, 세계관, 크리에이터, 마켓플레이스를 모두 고려해야 한다. 메타버스 플랫폼의 콘셉트 방향에 따라 NPC나 인공지능 활용도 고려할 수 있다.

모바일에서 앱의 기능을 잘 사용할 수 있게 하는 UIuser interface와

UX 설계가 중요한 것처럼 메타버스도 마찬가지다. 메타버스 플랫폼인 경우 보통 아바타와 공간 등이 3차원으로 제공되기 때문에 그에 맞게 콘셉트·크기·룩앤필 등을 고려해야 하고, 크리에이터 스튜디오나 마켓플레이스는 양면 플랫폼 또는 크리에이터 생태계에 대한 전략에 따라 어떻게 구체화할지 고민해야 한다. 예를 들어 창작자 생태계를 활성화해서 사용자와 크리에이터 간에 아이템 등 창작물에 대한 거래를 독려하고 플랫폼을 확장하고자 하는 전략 방향

표 8 메타버스 UX 설계 시 고려해야 하는 요소

메타버스 구성 요소	UX 설계 시 핵심 질문
아바타	– 서비스의 콘셉트와 일치하는가 – 타깃 고객을 충분히 표현할 수 있는 아바타인가
공간(버추얼 월드)	– 실제 공간과 닮았는가 – 공간은 얼마나 넓어야 하고, 각 공간의 역할은 무엇인가
NPC 또는 인공지능 활용	– 가상 공간에서 NPC는 어떤 역할을 하는가 – 인공지능은 사용자를 어떻게, 어떤 범위까지 도와주는가
세계관	– 서비스 전체 콘셉트에 시간적·공간적 배경이 필요한가
크리에이터 스튜디오	– 창작자가 구현하고자 하는 툴을 제공하고 있는가 – 창작자가 얼마나 쉽게 제작할 수 있는가
마켓플레이스	– 창작자의 결과물을 어떤 방식으로 거래하는가 – 창작자와 사용자가 쉽게 거래할 수 있는가

이라면, 크리에이터 스튜디오와 마켓플레이스에 대한 UX를 보다 구체적으로 설계해야 한다.

상호운용성을 고려하라

· · · · ·

메타버스에서 크리에이터 생태계를 활성화하고자 한다면 상호운용성을 고려해야 한다. 상호운용성은 A 플랫폼에서 만든 콘텐츠, 게임, 아이템 등 창작물을 B 플랫폼에서도 사용할 수 있음을 뜻한다.

그림 46 **제페토(좌)와 더샌드박스(우)의 상호운용성 협업**

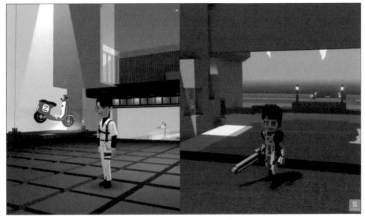

출처: 더샌드박스 유튜브 채널

그리고 앞서도 설명했듯 이를 가능케 하는 것이 NFT 기반 블록체인 기술이다. NFT 기술을 활용하면 창작자가 만든 창작물에 고유 권한을 줄 수 있고, 그 창작물을 구매한 사용자는 이를 다른 플랫폼에서도 사용할 수 있다.

2021년 5월 더샌드박스와 제페토는 상호운용성에 대한 계약을 맺었다. 더샌드박스에서 구매한 아바타, 아이템 일부를 제페토에서도 사용할 수 있다는 뜻이다. 이에 따라 여러 플랫폼 내에서 일관된 나의 아바타를 보여줄 수 있게 됐다. 그리고 NFT로 구매했기 때문에 다른 사람에게 판매할 수도 있다.

현재 상호운용성을 제공하는 메타버스 플랫폼은 많지 않다. 하지만 다양한 메타버스 서비스들이 출시되고 또한 대중화되면 장기적으로 상호운용성은 중요한 요소가 될 수 있다. 요즘에는 새로운 서비스에 가입할 때, 카카오톡이나 네이버 계정을 사용해서 간편하게 회원가입을 하는 사이트가 많다. 비슷하게 사람들은 빠르고 쉽게, 그리고 나를 표현할 수 있는 무언가(예로 아바타)가 있다면 그 요소를 여러 메타버스 서비스에서도 사용하고 싶을 것이다. 따라서 기업들은 아바타를 얼마나 다양한 플랫폼에 넘나들게 만들지에 따라 상호운용성의 범위를 고려해야 할 것이다.

6장

메타버스
생태계 분석

01

메타버스
비즈니스 모델 영역

메타버스라는 방대한 가상 공간에서 '어떤 비즈니스를 펼칠 수 있는가'에 대하여 다양한 산업체에서 고민하고 있다. 아직 완벽하게 설정된 영역이 아니기 때문에 역설적이게도 지금까지는 볼 수 없었던 다양한 비즈니스 모델이 나올 것으로 예상된다. 기본적으로 메타버스라는 거대한 범주에서 만들어나갈 수 있는 비즈니스의 형태는 다양하겠지만, 우리가 실제로 접속할 여지가 큰 플랫폼을 중심으로 비즈니스 모델을 다루어보고자 한다.

표 9 **기본적인 메타버스 비즈니스 모델 영역**

구분	플랫폼	마켓플레이스	마케팅	금융	SaaS (소프트웨어 제공 서비스)
비즈니스 모델 유형	인앱결제	메타버스 내 아이템거래	버추얼 공간 구축 대행	디파이	아바타 API 툴
	플랫폼 이용 수수료	빌딩 에셋	크리에이터 매니지먼트 (MCN)	환전	게임 제작 SDK
	광고	크리에이터 이코노미	스토리텔링 · 세계관 구축	가상 에셋 매니지먼트	–

플랫폼

· · · · ·

플랫폼 모델은 현재 메타버스를 대표하는 서비스들에서 주로 활용하는 방식이라고 생각하면 되는데, 대표적으로 더샌드박스·로블록스·제페토 등이 이 카테고리에 속한다고 볼 수 있다. 기본적으로 메타버스상에서도 네이버나 페이스북 등의 플랫폼이 등장할 것이라고 많이들 예측하는 한편, 대중이 편하게 사용할 수 있는 소셜 또는 게임 형태의 특색을 띠는 서비스가 지배할 것이라는 의견도 있다. 이 두 가지의 특징을 꼽자면, 어떤 형태든 간에 해당 공간 내에서는 영향력을 표출할 수 있는 도구가 있다는 점과 메타버스상에 별도 화폐가 있다는 점이다. 이 플랫폼 안에서도 인앱결제In App Purchase, IAP, 플랫폼 수수료, 광고로 비즈니스 영역이 뻗어나간다. 먼저 인앱결제는 '앱 안에서'를 의미하는 'IN APP'과 '결제, 구매'를 합쳐놓은 개념으로 말 그대로 앱 안에서 하는 결제나 구매를 뜻한다. 앱스토어의 애플이나 플레이스토어의 구글과 같은 플랫폼 기업이 자체적으로 개발한 내부결제 시스템을 의미하며, 사용자들은 해당 앱 안에서 유료 콘텐츠를 구매할 때 소액결제를 하게 된다. 메타버스도 하나의 플랫폼 역할을 할 수 있으므로 앱스토어 비즈니스 모델을 적용할 만하다.

다음은 플랫폼 수수료 영역이다. 기존에도 애플 앱스토어 등을 통해 인앱결제가 발생하면 이를 중개해준 앱스토어에서 특정 비율만큼 수수료를 부과하는 모델이 있었다. 페이스북 또는 유튜브 같은 소셜 서비스상에서도 특정 크리에이터가 수익을 정산하고자 할 때 수수료가 발생하는데, 이 역시 메타버스상에서 동일하게 적용할 수 있는 모델이다.

마지막으로는 광고 비즈니스다. 기업들은 홍보를 위해 다양한 SNS에 기업계정을 열고 광고비를 지불한다. 또한 이보다 더 원초적인 홍보를 위해 가상의 부동산 부지를 사들여서 그 공간을 자유롭게 꾸미기도 한다. 메타버스에서는 해당 계정뿐만이 아니라 자체적인 공간도 구축할 수 있기 때문에 공간 구축에 대한 비용도 지불해야 한다. 이처럼 플랫폼을 구축하는 회사 입장에서는 사용자, 기여자, 광고주 등이 다양한 방향으로 수익을 창출할 수 있다. 그래서 많은 회사가 온갖 어려움을 무릅쓰고 플랫폼을 구축하고자 하는 것이다.

마켓플레이스

• • • • •

메타버스를 구축하기 위해선 많은 요소가 필요하다. 대표적으로 건축물, 내부 인테리어 디자인, 아바타 의상, 조경 등을 꼽을 수 있다. 그렇다면 이 모든 것들을 직접 손수 제작해야 할까? 현실적으로 제한된 시간 내에 회사 차원에서 자체적으로 구축하기 어렵다 보니 이런 아이템들을 거래할 수 있는 마켓플레이스를 활용할 수 있다.

마켓플레이스는 창작자들이 제작한 자산을 구매할 수 있는 시장이다. 예를 들어 활엽수림, 침엽수림 등 숲만 전문적으로 구축하는 조경 전문가의 자산, 건축가가 연습용으로 만든 비현실적인 조감 디자인 등이 있다. 따라서 현실세계에서 건축 및 인테리어를 하던 디자인 전문 회사가 메타버스에서 창의적인 건축물을 만들게 되고 업로드한다면 추가적인 수익 창출을 기대해볼 수 있게 되었다. 이렇듯 플랫폼 내에서 직접 디지털 자산을 창작하는 활동이 있고, 반대로 디지털 자산을 구매해서 현실에 구축하고자 하는 사례 역시 존재한다.

메타버스 비즈니스 승자의 법칙

누구나 손쉽게 창작물을 제작하고 사고팔 수 있는 경제 시스템이 성장하고 있는데 이러한 경제 시스템을 '크리에이터 이코노미'라고 한다. 특히 최근에는 NFT가 등장하며 기존 디지털 공간에서 활동하는 크리에이터들의 저작권이 보장되기에 보다 많은 크리에이터가 유입되고 있다. 향후 구축하고자 하는 메타버스가 어느 정도 성장 궤도에 오른다면 크리에이터를 지원해주는 명목으로 가상공간, AR 필터, 그리고 기타 콘텐츠 등을 의뢰할 수 있는 공간을 제공하고 이에 수수료 비즈니스를 창출해볼 수 있을 것이다.

마케팅

· · · · ·

우리는 팝업스토어, 제품의 웹사이트, 브랜드 공간 등 오프라인에서 다양한 제품을 체험한다. 하지만 앞서 제시했던 구찌 가든처럼 이제는 이런 영역들이 자연스럽게 메타버스 안으로 들어오게 됐다. 따라서 아바타가 가상 공간에서 이루어내는 상호작용을 고안하고 고객의 마음을 사로잡는 제품의 스토리텔링을 준비해야 한다. 이에 맞춰 세계관도 만들고 스토리텔링을 전문으로 하는 광고 대행사가 앞으로 더 주목받게 될 것이다. 또한 기존 건축 또는 인테리어, 디자인 회사 역시 가상 공간에서 더 많은 창의성을 발휘할 수 있기에 신규 비즈니스 모델로 가상 공간 구축 대행도 선보일 수 있을 것이다.

마지막으로 MCN 비즈니스[14]도 있다. 요즘 가상 공간에서 디지털 휴먼이 미치는 영향력은 현실세계 못지않다. 따라서 해당 디지털 휴먼과의 계약을 통해 스케줄, 소통채널, 저작권 등을 관리하는 에이전시 역시 등장할 수 있다.

금융

· · · · ·

우리는 앞으로 어떤 공간에서 어떻게 살게 될까? 메타버스가 더 발전하게 된다면, 디지털 공간에 좀 더 오래 체류하게 될 것이다. 국가별 통화를 사용하듯이 메타버스 플랫폼에서는 토큰화된 경제가 활발해질 것으로 전망되는데, 최근 웹3.0 및 블록체인 기술이 발전이 되면서 점점 더 가시화되고 있다. 최근 메타버스 부동산 서비스가 트렌드인 이유 역시 매매, 임대, 렌트 등이 가능하기 때문이다.

금융 서비스 역시 디파이De-Fi(탈중앙화된 금융 시스템)를 주축으로 하여, 현실세계에서 은행에 현금을 예치하듯 메타버스 플랫폼 별로

---

14 인터넷 스타를 위한 기획사를 흔히 '다중 채널 네트워크', 줄여서 MCNMulti Channel Network이라고 부른다. SM이나 YG, JYP, 안테나뮤직이 소속 가수를 발굴해 육성하고 방송 활동을 지원하듯 MCN은 인터넷 스타들의 콘텐츠를 유통하고, 저작권을 관리해주고, 광고를 유치하는 일을 대신 해준다.

벌어들인 토큰을 예치하고 이에 대한 이자 수익을 기대하는 시대가 도래할 것이다. 또한 A 플랫폼에서 B 플랫폼으로 이동할 때 재화의 환전과 이를 관리해주는 서비스 역시 등장할 것이다.

　메타버스에서 발생하는 비즈니스의 주축은 거래소, 플랫폼, 사용자, 기여자로 나눌 수 있다. 여기서 제일 중요한 것은 해당 공간을 사용할 사용자가 충분히 있는지다. 그런 다음 이에 맞춰서 어떤 공간적·경험적인 가치를 선사할 것인지, 수익은 어떻게 창출할지 등을 고민해야 한다. 지금까지 메타버스 비즈니스 영역을 큰 줄기에 따라 간략히 정리했는데, 다양한 비즈니스 모델을 활용해서 어떤 분야든 새로운 기회를 만들어낼 수 있음을 명심하길 바란다.

02 게임 플랫폼이 메타버스를 활용하는 법

앞서도 이야기했지만 메타버스와 관련한 키워드 중 자주 언급되는 핵심적인 산업은 단언컨대 게임이다. 현존하는 산업 중에 가장 깊고 오랫동안 가상세계 구축에 몸담아 왔기 때문이다. 게임은 메타버스를 구성하는 자산resource 을 충분히 갖추고 있다. 대표적으로 메타버스를 구축하는 데 필요한 아바타 시스템, 버추얼 월드, 그리고 이를 만들어나갈 수 있는 세계관에 대한 스토리텔링과 사업화를 위한 전략적 고민까지 아우른다. 다만, 게임 회사에선 아직까지 메타버스의 필요성과 탈중앙화되는 형태의 메타버스 시스템 도입을 원치 않는 눈치인 듯하다. 어쩌면 이미 각자만의 메타버스를 만들고 있다고 생각할 수도 있다.

그렇다면 메타버스와 게임 회사의 게임은 무엇 다를까? '사용자의 참여', '보상과 경제 시스템', '이동'이 가장 대표적인 차이점이다.

사용자의 적극적인 참여

· · · · ·

기존 게임 플랫폼 기업은 게임 내에서 활용되는 모든 자산을 자체 인력으로 제작하고 시세를 정하는 구조였다. 전통적으로 게임 속 대부분 아이템은 게임회사에서 직접 만들고 가격을 정한다. 따라서 게임 아이템을 사용자에게 판매하는 것은 기업의 중요한 비즈니스 모델 중 하나다. 사용자가 아이템을 직접 제작하거나 제작한 아이템을 사고파는 비즈니스 모델은 드물었다. 설령 UGC를 봐도 사용자의 아이디어를 수렴하여 특별한 이벤트 정도에 반영될 뿐 실제로 사용자들에게 이익을 가져다주는 요소는 없었다. 이런 이유로 게임 회사는 사용자들을 위한 고품질의 콘텐츠를 지속적으로 생산해야 했고, 때로는 콘텐츠가 고갈되어 한계점에 직면하기도 했다.

그러나 메타버스는 이와 다르게 다양한 아이템이 사용자들의 창작 행위를 통해 제작되고, 수요와 공급의 논리에 따라 가격이 매겨지며, 생산자의 의향에 따라 수량이 제한되어 가치가 달라지기도 한다. 플랫폼이 흥행할 경우 게임 회사가 생산을 위한 리소스를 플랫폼 자체에서 모두 제공하거나 신규 콘텐츠를 끊임없이 생산하는 데 분명 한계점이 존재한다. 따라서 메타버스를 지향하는 회사들은 이를 극복하기 위해 사용자들의 참여를 적극적으로 장려한다. 이런 과정을 통해 기존 메타버스 서비스 사용자들 중 일부가 아예 현실 공간의 전업 크리에이터로 전환하여 신규 일자리가 형성되기도 했다.

게임 회사가 간과하고 있는 점은 시대의 흐름이 바뀌면서 사용자가 참여할 수 있는 공간에 대한 비중이 게임 속에서도 점점 커지면서 새로운 기회가 될 수 있다는 것이다. 사용자가 다양한 창작 행위를 하고, 그 행위를 통해 또 새로운 사용자가 유입되는 게 메타버스의 장점이다. 이런 흐름은 크리에이터 플랫폼을 포함한 메타버스 서비스 회사가 주도적으로 이끌고 있다.

NFT로 갖춰진 생태계
· · · · ·

사용자들이 게임에서와 달리 메타버스 전업 크리에이터로 전환하는 가장 큰 이유는 가상 공간에서 벌어들인 재화를 현실세계에서 현금화할 수 있기 때문이다. 제페토에서는 연간 1억 원의 수익을 거둔 개인 크리에이터가 등장했고, 로블록스에선 12년간 3,000억 원에 달하는 보상을 개발자에게 제공하기도 했다. 크리에이터는 이외에도 유튜브나 틱톡 등 또 다른 콘텐츠 플랫폼에서 수익을 창출하는가 하면 광고 및 PPL 등으로 비정기적인 수입도 얻는다.

콘텐츠만 생산하는 기존 크리에이터와 비교할 때 메타버스 크리에이터는 다양한 콘텐츠로 활동할 수 있게 됐고, 이를 통해 더 많은 수익 창출의 가능성이 생겼다. 이런 부분에서 메타버스 플랫폼은 크리에이터가 소유하고 있는 가상 자산을 현금화할 수 있는 문을 활짝 열어두고 있다. 또한 NFT 기술이 발전함에 따라 이제는 크리에이터가 발행하는 재화의 한도를 정할 수 있는 시점이 됐다.

NFT가 등장함으로써 인터넷을 포함한 디지털 공간에서 창작물 복제가 발생할 경우 해당 원본에 대한 가치도 산정할 수 있게 됐다. 또한 크리에이터뿐만 아니라 재화를 취득하는 고객 역시 생산자의 작품을 취득하면서 가치를 올리기 위한 활동을 하고, 가격이 높아지면 재판매해서 재화를 벌 수 있는 기본적인 경제 시스템이 돌아갈 수 있게 됐다. 이를 기반으로 아이템, 가상 공간의 면적과 구역도 사고팔 수 있는 시스템이 갖춰졌다.

이는 대체로 블록체인을 기반으로 하는데, 블록체인에서는 알고리즘을 기반으로 사용자 간 합의가 이루어진다. 따라서 재화의 발행량에 대한 조정이나 그 가치평가를 사용자의 투표 같은 형식으로 진행하는데, 이 때문에 메타버스에서는 블록체인이 필수적인 존재로 여겨지고 있다. 즉, 메타버스 플랫폼이 블록체인을 기반으로 세워졌다면 사용자의 동의 없이 회사가 임의로 개입하여 해당 재화에 대한 가치를 강제로 수정할 수 없다.

어디로든 이동이 가능한 경험

· · · · ·

메타버스라는 용어에는 3차원 가상세계이며 동시에 어디든 이동할 수 있다는 의미가 포함되어 있다. 그런데 우리는 아직 제페토에서 로블록스로 아바타가 자연스럽게 넘어가는 경험(상호운용성)은 할 수 없다. 이를 조금이라도 가능케 할 수 있는 전략은 게임 회사를 예로 들었을 때 '모든 캐릭터가 한 공간에 들어가는 것'이다. 닌텐도에서 출시한 '슈퍼마리오 스매시 브로스' 같은 게임이 가장 대표적인 콘텐츠로 볼 수 있는데, 다양한 게임 속의 캐릭터들이 서로 다른 게임을 넘나들 수 있는 경험은 매우 중요하다. 내가 좋아하는 하나의 캐릭터를 이용해 여러 게임을 할 수 있다면 해당 캐릭터에 더욱 몰입하게 될 것이고, 기존의 게임에서 느낄 수 없던 색다른 경험을 할 수 있을 것이다.

메타버스에 올라탄 게임, 포트나이트

· · · · ·

앞의 세 가지 요건을 모두 포용하기 위해선 본질을 다시 생각해봐야 한다. 그리고 기존 게임 회사는 이전의 과금 중심의 비즈니스 모델을 전면 개편해야 하는 상황에 놓인다. 그렇다면 게임 회사는 메타버스 트렌드에 올라타고자 할 때 어떤 포지션을 취해야 할까?

메타버스 비즈니스 승자의 법칙

그림 47 **에픽게임즈의 포트나이트**

이런 전략은 미국에서 가장 큰 규모의 스타트업인 에픽게임즈가 선도하고 있다. 에픽게임즈는 시가총액 30조 원에 육박하는 기업으로, 가장 대표적인 게임으로는 포트나이트가 있다. 포트나이트로 시작한 에픽게임즈의 메타버스는 어떤 전략을 취하고 있을까?

현실과 가상의 연결 확대

첫 번째는 현실과 가상의 연결 확대다. 메타버스와 현실세계를 이어주는 요소는 필수 불가결하기 때문에 인수·합병으로 영역을 확대했다. 인수한 기업 중 대표적인 곳이 스타트업 하이퍼센스

그림 48 **에픽게임즈가 인수한 하이퍼센스의 실시간 얼굴 아바타 기술**

출처: 에픽게임즈 웹사이트

HyperSense다. 하이퍼센스는 인공지능 기술을 활용하여 3D 모션 캡처 기술을 개발하는 회사다. 나의 얼굴을 인식하는 순간 바로 3D 형태로 아바타가 생성되며, 트위치Twitch나 줌 등의 화상채팅 서비스에서 활용할 수 있다. 이를 기반으로 다양한 온라인 공간에 참여할 수 있게 된다는 점이 인상적이다. 하이퍼센스는 에픽게임즈가 보유하고 있는 포트나이트의 아바타를 기반으로 방송을 하거나, 아바타 기술을 하우스파티에 적용해 대화할 수 있는 가능성을 선사했다.

그 밖에도 캡처링리얼리티Capturing Reality, 큐빅모션Cubic Motion, 트윈

모션Twinmotion 같은 모션 캡처 회사들을 인수했는데, 이들은 모두 현실을 캡처해서 가상으로 보여주는 솔루션이다. 한 개인과 그 주변 공간들을 메타버스로 만들어서 현실과 가상을 몰입감 있게 연결하려는 전략이다. 메타버스상에서 움직이는 느낌을 더욱 실감 나게 표현하기 위해 인수·합병을 한 것이다.

크리에이터를 위한 환경 조성

두 번째는 크리에이터를 위한 환경을 만들어줘야 한다. 많은 사람이 메타버스에서 크리에이터 시장이 중요하다고 이야기하지만, 어떤 형태의 크리에이터들이 존재하는지에 대한 관심은 다소 적은 듯하다. 보통은 자산 생산자, 게임 생산자, 콘텐츠 생산자 등 세 가지를 대표적인 크리에이터로 본다. 에픽게임즈는 콘텐츠 생산자에게도 집중했지만, 무엇보다 자산 생산자와 게임 생산자를 위한 다양한 툴과 리소스를 확보해두었다.

먼저 게임 개발자들이 게임을 생산하는 데 필요한 기틀인 언리얼 엔진[15]을 꾸준히 개발하고, 이들이 게임을 완성했을 때 실제 판매할 수 있는 앱스토어를 만들어두었다. 또한 게임을 더욱 원활하고 빠르게 생산할 수 있도록 기술적·아이템적 지원을 아끼지 않고

---

15 unreal engine, 에픽게임즈에서 제작한 3D 게임엔진. 강력한 그래픽 성능과 다양한 옵션 등의 장점으로 게임엔진 산업을 주도하고 있다.

있다.

대표적인 인수 사례로는 스리래터럴3Lateral이 있다. 이 곳은 지난 15년간 3D 스캐닝을 비롯하여 가상 생명체를 만드는 기술을 연구했으며, 200가지 이상의 프로젝트에 참여하며 리소스를 축적해온 스타트업이다. 이를 통해 기존에 제작된 생명체를 자유롭게 사용하거나 만들 수 있는 하나의 툴을 확보한 셈이다. 현재는 스리래터럴이 에픽게임즈의 게임 내외에서 활용할 수 있는 디지털 휴먼을 만들어낼 수 있는 신사업인 '메타휴먼 크리에이터 툴 프로젝트'를 진두지휘하고 있다.

에픽게임즈는 위와 같은 환경에서 추가적인 요소를 제공하기 위해 다양한 디자이너들이 모여 있는 공간 서비스인 스케치팹Sketchfab을 비롯해 퀵셀Quixel, 아트스테이션Artstation이라는 3D 콘텐츠 포트폴리오, 리소스 웹사이트도 인수했다. 아트스테이션을 인수하고는 작품 결제 수수료를 12%로 낮추기도 했다. 아트스테이션은 3D 모델링, 2D 그래픽부터 시작해서 게임 업계 취업을 희망하는 디자이너를 위한 공간이다. 비단 리소스뿐만 아니라 온라인 강의, 마켓플레이스, 구인·구직 관련 콘텐츠가 모두 있어 게임을 개발하고 싶어하는 사람이라면 여력에 따라 리소스를 구매하거나 채용까지 이어질 수 있는 환경을 조성한 셈이다.

생태계를 하나로 묶는 IP 확보

세 번째는 생태계를 하나로 묶는 다양한 IP의 확보다. 최근 에픽게임즈는 이런 흐름을 읽고 보다 다양한 캐릭터 모델을 확보하기 위해서 토닉게임스튜디오Tonic Games Studio를 인수·합병했다. 토닉은 폴가이즈Fall guys라는 귀여운 캐릭터 기반의 캐주얼 게임을 운영하는 개발사다. 그 밖에 모든 게임을 로블록스처럼 창작하고 이동할 수 있는 만티코어게임즈Manticore games에 지분투자를 단행하기도 했다.

에픽게임즈는 생태계를 확장해나가면서 다양한 IP를 기반으로 한 그들만의 메타버스를 구성하고 있다. 어떤 형태의 메타버스가 생길지 모르겠지만 적어도 에픽게임즈 전체를 아우르는 경제와 생태계가 조성됐다고 볼 수 있다.

03

SNS가 메타버스를
활용하는 법

2021년 10월경 페이스북이 사명을 메타로 변경하면서 메타버스에 대한 포부를 확실히 밝혔다. 비슷한 시점에, 미국 Z세대가 가장 많이 사용하는 SNS 서비스 스냅챗의 운영사인 스냅Snap은 스펙타클스[16]를 활용하여 3D로 운동화와 가방 등을 보고 쇼핑할 수 있는 기능을 추가하기도 했다. 그 밖에도 제페토는 아바타로만 이루어진 공간에서 틱톡과 같은 챌린지에 참여하거나 버추얼 월드를 통해 친구들을 만나며 사귈 수 있는 서비스를 출시했다.

16 sepectacles, 스냅에서 자체 개발한 AR Glass 하드웨어

이상의 사례를 통해 소셜 네트워크 서비스 기업 역시 메타버스에 큰 관심을 갖고 있으며, 저마다 다양한 전략을 통해 성장한다는 것을 엿볼 수 있다. 인간은 사회적 동물이기에 가상 공간에서도 필연적으로 사용자 간 교류가 이루어져야 하기 때문이 아닐까? 무엇보다도 현실세계와 가상 공간의 연결성을 게임 산업 다음으로 잘 인지하고 있기 때문일 것이다.

그렇다면 이들은 어떤 요소들을 가지고 있을까? 기본적으로 메타버스를 지향하는 소셜 네트워크 서비스의 공통점을 찾아본다면 '대체자아Alternative Identity', '크리에이터', '커뮤니티' 등을 꼽을 수 있다.

또 다른 나, 대체자아

· · · · ·

기본적으로 메타버스 플랫폼에서 활동하기 위해선 앞서 언급한 것처럼 아바타 또는 그와 유사한 대체자아를 만들어야 한다. 기존에 사용하던 소셜 네트워크에서는 현실세계와 동일한 정체성을 기반으로 지인과 연결되고 소통이 이루어졌지만, 메타버스 기반의 서비스에서는 이를 무시한 채 새로운 성격의 자아가 만들어지곤 한다. 이런 부분에서 내가 이루어내지 못했던 것들을 이룰 기회가 생긴다. 얼굴을 보지 못하더라도 성격이 비슷한 사람을 만나거나 편견 없이 다른 사람과 교류할 수 있다. 다른 사람들이 나의 시각적인 부

그림 49 **세계 최초 아바타 음악 오디션, 앨터 에고**

출처: 폭스 웹사이트

분만 보고 평가하지 않게 되니 말이다.

최근 대체자아를 비슷하게 활용한 오디션이 있는데, 20세기폭스 20th Century Fox에서 진행한 〈앨터 에고Alter Ego〉라는 쇼 프로그램이다. 이제 사람은 외모가 아닌 개인의 재능으로만 평가받는 시대가 됐고, 그에 발맞춰 뛰어난 재능을 가졌음에도 외모 때문에 무시당했던 사람들을 위한 메타버스라는 공간이 팽창된 것이다. 물론 여전히 인터넷에서는 익명성을 무기로 현실세계에선 할 수 없는 악행이 저질러지고 있다는 점을 생각할 때, 메타버스 내에 규칙이 세워지거나 법제화되어 적절한 관리가 이루어져야 할 것으로 본다.

플랫폼과 함께 성장하는 크리에이터

· · · · ·

메타버스에서는 많은 크리에이터가 수익을 벌어들이기 위해 다양한 재능을 발휘하고 있다. 현재까지는 예술적·기술적 측면에서 두드러지는데, 많은 사용자가 메타버스 내에서 수익을 창출하기 위해 직접 캐릭터 의상을 디자인하거나 스크립트 코드를 편집해서 하나의 게임 콘텐츠를 제작하고 있다.

메타버스뿐만 아니라 소셜 서비스 내에서도 최근 이런 흐름이 강해졌다. 유튜브를 기반으로 한 동영상 크리에이터들은 창작 활동을 하면서 수익을 창출할 수 있게 됐으며, 인스타그램과 틱톡 등의 소셜 서비스 역시 크리에이터를 지원하기 위해 억대 규모의 펀드를 조성했다. 기존처럼 크리에이터들이 외부로부터 광고를 받아서 진행하는 것이 아니라, 플랫폼에 어느 정도 기여를 하면 이를 기반으로 경제적 보상을 하는 방식이 자리매김했다는 얘기다.

이제 사용자의 데이터를 마구잡이로 받아서 수익화하는 시대는 지나갔고, 더 많은 사용자가 참여하여 플랫폼의 성장에 기여할 것이다. 메타버스에서는 더 많은 그리고 다양한 크리에이터를 필요로 하기에 이런 흐름은 가속화될 것이기 때문에 크리에이터의 참여를 활성화하기 위한 창작툴, 보상체계, 창작물 거래 방식 등 많은 고민이 필요할 것이다.

온라인 커뮤니티

. . . . .

마지막으로 커뮤니티를 꼽을 수 있다. 서로 연결되어 있고, 즐길 거리가 충분히 갖춰져 있으며, 수익 창출 역시 가능하다면 해당 플랫폼을 사용하지 않을 이유가 없다. 이 요소들이 갖춰졌다면 가장 이상적인 메타버스 커뮤니티라고 말할 수 있는데, 현실세계와 같이 하나의 공동체를 만들어나가는 과정이라고 보면 된다.

코로나로 인해 우리는 비대면 상황에 익숙해졌고, 온라인을 기반으로 한 커뮤니티가 많아졌다. 커뮤니티를 통해 우리는 보다 많은 사람을 온라인에서 만나게 됐고, 메타버스를 포함한 소셜 플랫폼은 사용자를 꾸준히 유입·유지시키기 위해 다양한 기능을 추가하고 있다.

지금까지 언급한 세 가지 요소를 실현하기 위해서는 소셜 네트워크가 광고 중심의 비즈니스에서 벗어나 한 단계 도약할 수 있도록 비즈니스 방식에 대한 고민이 절실하다. 최근 들어 웹3.0이자 탈중앙화에 대한 언급이 나오는 것도 플랫폼이 독식하는 구조가 아니라 기여자에게도 적절한 보상을 해야 한다는 의미일 것이다.

메타의 메타버스 비즈니스 전략

• • • • •

소셜 플랫폼 중 메타버스라는 영역에서 가장 적극적으로 움직이는 메타의 사례를 조금 더 구체적으로 들여다보고자 한다. 사명까지 변경할 정도로 메타버스에 진심인 이 회사는 어떤 전략을 취하고 있을까?

메타는 2020년부터 웹 및 전체적인 브랜드를 통합하는 작업을 진행했다. 페이스북 자체적으론 여섯 개의 탭(home, Watch, Groups, Games, Profile, Messenger)을 개편해 구성을 변경했다. 그리고 왓츠앱WhatsApp, 인스타그램, 오큘러스Oculus 등 계열사를 전부 페이스북컴퍼니Facebook Company로 묶어 브랜드에 대한 연결성을 이어나갔다.

메타는 소셜을 기반으로 한 모든 부분에 손이 닿아 있다고 볼 수 있다. 메타가 준비하는 메타버스 프로젝트와 그와 관련된 자산에는 어떤 것들이 있는지 살펴보자.

페이스북 아바타

페이스북은 2D 기반의 아바타를 제작할 수 있는 기능을 탑재했다. 스냅챗의 비트모지Bitmoji와 유사한 생김새로 만화 같은 그래픽을 기반으로 한 이 아바타는 주로 게시물을 업로드할 때 하단에 얼굴 대신 나온다든가 하는 방식으로 감정을 표현하는 기능을 제공한다. 나의 얼굴을 기반으로 편집할 수 있도록 손거울(셀카모드) 기능을 제공하며, 헤어 스타일·피부색·얼굴형·체형 등 얼굴과 신체를 중심으로 정해진 다양한 에셋을 편집할 수 있도록 했다. 다만 의상은 페이스북 아바타 제작진이 제공한 의상 조합으로만 편집이 가능하다. 사용자들도 벌써 이 아바타에 익숙해졌는지 'gif' 대신 자신의 얼굴과 비슷한 만화 같은 아바타 스티커로 리액션을 하고, 게시물을 업로드하고 있다.

메타는 오큘러스를 중심으로 한 중간 포털 같은 서비스 호라이즌Horizon을 준비하고 있는데, 나중엔 이런 2D 아바타를 기반으로 3D 렌더링이 가능한 기술을 적용하여 보다 빠른 접근성을 위한 요소로 만들 것으로 보인다.

페이스북 게이밍

한국에는 '게임산업진흥에 관한 법률'이 있어서 메타의 각종 플래시 및 웹을 기반으로 한 미니 게임들이 한국에 직접 진출하지 않는 이상 게임 진행이 불가한 상황이다. 메타는 오래전부터 이런 서비스들을 중개해주는 소셜 게이밍 서비스를 제공해왔다. 이를 기반으로 성장한 가장 대표적인 회사가 징가[17]다. 이런 소셜형 미니 서비스 지원뿐만 아니라 페이스북 게이밍을 통해 이제는 누구나 라이

---

17 Zynga, 미국의 소셜 네트워크 게임 개발 업체, 페이스북이나 마이스페이스(My Space) 같은 소셜 네트워크 서비스에 독립형·애플리케이션형 브라우저 기반의 게임을 제공한다.

브 스트리밍을 할 수 있는 툴을 개발했고, 페이스북을 통한 후원을 포함해 광고 집행까지 가능해졌다.

해당 라이브 콘텐츠에서는 개인화된 추천 알고리즘을 기반으로 영상 콘텐츠를 추천하는 페이스북 워치Watch 탭을 통해서도 사용자들에게 다가갈 수 있어 구독자 및 친구까지 확보할 수 있다. 그 외에도 크리에이터 및 사용자 간 경쟁을 위한 토너먼트 기능을 준비해 실제로 대형 E-스포츠 프랜차이즈가 아니더라도 중·소 규모로 토너먼트를 개최할 수 있게 됐고, 사용자를 통한 라이브 스트리밍이 가능해졌다. 방대한 게임 카테고리를 품은 만큼 페이스북이 앞으로 공항 같은 플랫폼 서비스가 되고자 한다는 사실을 엿볼 수 있다.

그룹

메타는 친구를 기반으로 한 인터랙션을 메인으로 하다가 점점 플랫폼이 커지면서 그 이상의 무언가가 필요한 시점이 됐다. 메타는 이런 부분에서 취향·실무·관심사 등을 중심으로 한 그룹Group이라는 기능을 론칭했는데, 많은 업데이트를 통해 보다 더 강력하게 사업을 확장하고 있다. 그룹을 통해 각각의 커뮤니티가 조성되어 사용자는 기존 친구가 아닌 새로운 사람들을 추천받을 수 있게 됐고, 이를 기반으로 다양한 피드 콘텐츠를 추천받아 보다 더 정밀한 취향 기반의 큐레이션이 가능해졌다.

메신저

그룹에서 발생한 여러 상호작용은 결국 메신저를 통해 완성된다. 페이스북 메신저는 예전에도 꾸준히 업데이트를 진행했지만, 이제는 윈도OS뿐만 아니라 맥mac을 포함하여 대부분 플랫폼에서 연락하고 지낼 수 있게 됐다. 그뿐만 아니라 영상통화 모임 기능을 만들고 미니 게임을 추가했는데, 최근 인수한 스쿼드Squad(트위터로부터 M&A)에서 Z세대를 겨냥해 만든 다양한 기능이 탑재됐다.

이는 큰 의미가 있다. 커뮤니케이션을 할 때 이제는 텍스트뿐만 아니라 영상까지 전혀 무리가 없으며, 새로운 친구까지 사귈 수 있는 플랫폼이 된 것이다. 추후 메타에서 메타버스 서비스가 나온다면 영상통화를 할 때 메신저 룸스에서 아바타를 사용하거나 메타버스 서비스 내 메신저가 연동되는 식으로 가상세계와 현실세계를 넘나들면서 자연스럽게 적용될 것으로 예상된다.

오큘러스

오큘러스는 페이스북에서 인수한 회사이며, VR 관련 기기를 제조한다. 2022년 1월을 기점으로 '오큘러스'라는 브랜드 이름 대신 '메타'를 적용해 메타 퀘스트로 명칭이 바뀌었다.

오큘러스는 VR 기반의 하드웨어 디바이스로 버추얼 월드에 접속하게 해주는 매개체다. 하드웨어뿐만 아니라 소프트웨어 측면에서도 전용 스토어를 보유하면서 다양한 소프트웨어를 수용할 수 있

그림 50 **아바타를 사용할 수 있는 메신저룸**

출처: 페이스북 웹사이트

는 하나의 플랫폼이 되어가고 있다. 하지만 아직은 하드웨어를 기반으로 한 콘텐츠를 체험할 수밖에 없는 상황이다. 그럼에도 해당 플랫폼에서 아바타를 만들 수 있는 아바타 에셋이나 가이드가 명확해 다양한 VR 크리에이터들이 유입되고 있다.

그 밖에도 아이 트래킹[18] 및 핸드 트래킹 기술[19]을 통해 헤드기어만 있어도 자유롭게 이동하고 아이템을 만들 수 있는 크리에이터를 위한 환경을 구축하고자 연구를 계속하고 있다.

호라이즌

오큘러스의 가장 큰 문제는 사용자들이 최초로 접속했을 때, 사람 간 인터랙션의 부재로 게임과 같은 인상을 많이 받게 된다는 것이다. 이런 점을 해결하기 위해 메타는 아바타를 기반으로 돌아다닐 수 있는 공간이자 다른 서비스로 이동할 때 '공항의 역할을 하는 서비스'를 만들었다. 상반신을 중심으로 한 디자인인데, 공간 안에서 미니 게임을 하거나 친구들 간에 자유롭게 대화할 수 있는 커뮤니티 공간을 중심으로 제작됐고 콘텐츠가 없을 때는 사용자들이 새로운 사람들을 만날 수 있는 공간의 역할을 한다. 앞으로는 직접적인 맵 에디터를 개발하여 사용자들이 맵과 게임을 직접 창작하고 만들어나갈 수 있는 공간을 제공하면서 더 발전된 사용자 중심의 생태계를 구축하고자 한다.

페이스북 리얼리티랩스

또한 페이스북 리얼리티랩스Facebook Reality Labs를 통해 가상 공간에서 손목의 움직임을 인식할 수 있는 기기를 선보였다. 손목 주위를 지나는 신경망과 손목의 움직임을 파악하여 특정 상황에서 사용자

---

18 eye tracking, 시선의 위치 또는 움직임을 추적하는 기술
19 hand tracking, 추적 센서를 부착한 장비 없이도 가상현실 헤드 마운티드 디스플레이(head mounted display)에 내장된 카메라로 사용자의 손 움직임을 인식하여 가상현실 콘텐츠에 구현하는 방식

가 원하는 행동을 부드럽게 전환해주는 기술력이다. 프로토타입 prototype 수준임에도, 손목을 통해 인터랙션이 발생했을 때 진동이나 마찰력을 인식하면서 보다 메타버스에 가까운 경험을 할 수 있게 해준다. 이를 기반으로 메타버스 내에서 사용자들이 별도의 기기가 없어도 움직임에서 거리낌이나 괴리감이 느껴지지 않고 자유롭게 대화할 수 있을 정도로 기술력을 끌어올리고 있다.

포털

포털Potal은 액자, TV 등 모니터를 기반으로 한 화상채팅 하드웨어다. 소프트웨어 측면에서도 줌을 포함해 다양한 메시징, 화상회의 솔루션을 연동하여 제공하고 있다. 필요시 스티커를 통해 (예를 들면 아이들에게 책을 읽어줄 때) 스토리텔링을 보다 생생하게 전달할 수 있게 해주고, AR 기반의 미니 게임 등 즐길 거리도 제공한다. 그 외에도 아마존의 알렉사Alexa를 도입해 일상생활에서 자연스럽게 스케줄링할 수 있는 요소를 제공한다. 메타는 최종적으로는 이런 디바이스를 통해 가상과 현실 공간을 분리하지 않고 아바타와 사람 간에 자연스러운 영상통화나 화상회의를 하는 것을 목표로 한다.

04 메타버스 첫 번째 인프라, 아바타

인프라의 첫 번째 요소는 바로 아바타다. 아바타를 구현하는 데 이상적인 환경을 갖추려면 3D 모델링, 의상 에셋, 얼굴 형태 표현 등 제작할 것이 많을 뿐 아니라 심지어 R&D 작업도 모두 다른 담당자가 진행해야 한다. 메타버스에서는 다양한 컴포넌트[20]를 안정성 있게 합쳐야 한다. 따라서 메타버스 플랫폼을 구현하는 데에는 시간이 오래 걸릴뿐더러 '우리가 만들고자 하는 플랫폼에 적합한가?'에 대한 검증 과정도 만만치 않다. 당장 만들어낼 여력이 없거나 컴

---

20 component, 마치 레고 블록을 쌓듯이 소프트웨어를 쉽게 개발할 수 있게 해주는 기술을 말한다.

포넌트를 전문으로 다루는 기업이 아니라면 어떻게 해야 할까? 이를 지원하는 인프라 서비스 기업에서 도움을 받으면 된다. 아바타 서비스 기업 몇 군데를 소개하겠다.

아바타를 전문으로 하는 인프라 툴

· · · · ·

큰 규모의 회사라고 해도 메타버스 아바타를 만들기 위해 무수히 많은 사람의 얼굴 및 움직임 데이터를 수집하는 데에는 분명히 한계와 어려움이 있다. 울프3D Wolf 3D라는 스타트업은 이런 어려움을 해결하는 데 도움을 주고자 오랫동안 수집한 데이터를 기반으로 아바타 솔루션을 보급하고 있다. 2014년에 창업한 울프3D는 초기부터 하드웨어 기반의 3D 스캐너를 중심으로 다양한 데이터를 수집해왔다. 대표적인 데이터는 '2만 명이 넘는 사람의 이미지 및 고화질 얼굴 데이터'다. 그리고 이를 가공하여 아바타를 만들어주는 솔루션을 개발했고, 주로 기업들에 납품했다. 오랫동안 데이터를 수집한 결과 울프3D는 딥러닝을 기반으로 한 솔루션을 만들어낼 수 있었고, 보통 사람의 셀카 한 장으로도 그와 비슷한 아바타를 생성할 수 있게 됐다.

이 기업은 해당 솔루션을 SDK 형태로 보급하여 개발자들이 자유롭게 커스터마이징customizing할 수 있도록 지원했다. 나아가 아바타

애니메이션 기술을 활용해 감정 표현까지 자연스레 연계될 수 있게 했다. 얼굴에서 그치지 않고 사용자들이 스스로 자신의 아바타를 꾸밀 수 있도록 카테고리별로 수백 개의 꾸밀 수 있는 요소도 제공한다. 이에 사용자는 손쉽고 자유롭게 나만의 아바타를 꾸밀 수 있게 됐다. 만약 일반 기업이라면 이 아바타를 두고 자체적인 의상을 제작해 해당 플랫폼에서만 구매할 수 있도록 만들 수 있다. '공간'의 가치를 제공하는 데 초점을 두는 기업이라면 울프3D를 이용해서 아바타에는 크게 신경 쓰지 않고 개발할 수 있는 환경을 만들 수 있기에 일이 훨씬 더 수월해질 것이다.

또한 레디플레이어미는 크로스 게임 아바타 플랫폼Cross Game Avatar Platform을 개발하겠다는 포부를 밝혔고, 실제로 1,500여 기업과 파트너십을 맺었다. 즉 아바타 하나로 여러 사이트를 오갈 수 있는 서비스를 만든다는 의미다. 여기서 한국의 어떤 서비스가 떠오르지 않는가? 바로 '카카오로 로그인하기'다. 우리가 카카오에만 로그인하면 다양한 사이트에 따로 회원 가입을 하지 않고도 들어갈 수 있듯이, 어떤 메타버스 서비스가 됐든 아바타 하나를 가지고 로그인할 수 있는 서비스가 만들어지고 있는 것이다. 메타버스를 구축하려는 기업들은 레디플레이어미와 같이 아바타를 빠르게 도입해서 서비스할 수 있고, 인프라를 제공해주는 서비스 업체는 이를 통해 더 많은 기업과 메타버스 플랫폼을 간접적으로 연결해주어 메타버스 사회에 좀 더 익숙한 환경을 제공할 수 있나.

아바타를 솔루션화한 인프라 툴

. . . . .

소셜 로그인 기능을 제공하는 회사라면, 메타버스가 보급됐을 때 새로운 경쟁자에게 밀려 위기를 겪을 수 있다. 그렇다면 이런 위기를 어떻게 극복할 수 있을까? 실제로 위기를 현명하게 헤쳐가고 있는 스냅챗의 비즈니스 모델을 살펴보자.

한국에는 잘 알려지지 않았지만 스냅챗은 하루 3억 명 이상이 사용하는 SNS 서비스이며, Z세대 비중이 무려 90%를 차지한다. 2019년 스냅챗은 파트너스 서밋에서 스냅게임즈SNAP Games라는 신규 서비스를 선보였다. 인스톨install이 필요 없는 모바일 게임 서비스를 표방하면서 스냅챗 내에서 채팅 형식으로 친구들과 플레이할 수 있는 환경을 제공했다. 초기에 테스트를 위해 비트모지 파티Bitmoji Party, 비트모지 테니스Bitmoji Tennis 등의 실험적인 서비스를 출시했는데 대성공을 거두었다. 스냅챗은 이를 통해 징가 같은 대형 모바일 게임 퍼블리싱 업체와 자사에서 액셀러레이팅accelerating을 받고 있는 인디 게임 제작사들의 체류 시간 및 공간을 확보하고 테스트베드test bed 환경을 조성하겠다고 했다.

스냅챗에 왜 갑자기 게임이 나오게 된 것일까? 게임을 만들 때는 다양한 요소가 필요한데 스냅챗의 아바타 전략이 이 영역으로 자연스럽게 확장되고 있기 때문이다.

지난 2016년 스냅챗은 개인 2D 아바타 서비스 비트모지의 개발

사인 비트스트랩스Bitstraps를 1억 달러가 웃도는 가격에 인수했다. 그리고 비트모지를 개인 프로필 이미지나 스냅 맵스Snap Maps에 주로 사용했다. 당시 여론에서는 '셀럽들이 한두 번 이용한 것으로 앱스토어 상위권에 올라 가치가 지나치게 고평가되어 인수됐다'라는 평이 다분했다. 그러나 스냅챗은 꾸준히 기초를 다지면서 3D로 발전해 나갈 준비를 해왔다. 2017년도에는 AR 렌즈를 통해 3D 기반의 비트모지를 처음 선보였다. 그러나 이 렌즈 역시 '아기 필터'[21]와 비슷하게 잠깐의 재미를 주는 정도가 다였고, 스냅에서는 단순히 '실험을 한다'는 평가로 마무리됐다.

그러던 중 2019년 비트모지를 기반으로 한 미니앱을 출시한 순간부터 많은 것이 달라졌다. 비트모지를 기반으로 한 모바일 미니 게임이 대성공을 거둔 것이다. 이때 스냅에서는 성공에 취하지 않고 아예 콘솔게임 개발자를 위한 캐릭터 익스텐션extension을 공개했다. 스냅 로그인으로 다양한 게임에서 3D 비트모지 아바타가 자동으로 동기화돼 플레이를 할 수 있게 한 것이다.

이것이 얼마나 큰 파급효과를 가져다줄까? 콘솔게임 업체가 직접 아바타를 만드는 경우가 있는데, 보통은 다른 콘솔게임으로 확장하는 데 한계가 있었다. 닌텐도의 아바타 미Mii가 대표적인 예다. 큰 회사는 직접 만들어보는 시도라도 해볼 수 있지만 규모가 작은

---

21 얼굴 사진을 찍으면 어린아이처럼 보이게 해주는 필터

메타버스 비즈니스 승자의 법칙

그림 51 **하나의 아바타로 여러 게임을 즐길 수 있는 Bitmoji for Games**

출처: 비트모지 웹사이트

인디게임 개발사는 예산이 한정돼 있어 진행하기가 어려우니 꿈과 같은 이야기다. 그래서 대부분 유니티Unity에서 볼 수 있는 기본 아바타 셋set을 사용해왔다. 그런데 이제 소셜 플랫폼 사업자가 아바타 비즈니스에 진입할 때 누구나 기본 이상의 아바타를 사용할 수 있고, 저예산으로 평균 이상의 캐릭터 퀄리티를 구현할 수 있게 된 것이다. 인디게임 회사는 캐릭터 코스튬을 위한 인력 소모를 최소화할 수 있고, 비트모지와 제휴한 브랜드의 에셋도 사용할 수 있다. 예를 들어 비트모지가 구찌와 제휴한다면, 비트모지 캐릭터가 들어갈 예정인 게임 내에서도 구찌 의상을 입은 캐릭터를 로딩할 수 있으니 별도의 제휴가 필요 없다는 얘기다.

그렇다면 스냅챗에 어떤 이득이 있을까? 비트모지 아바타는 스냅이 인수한 이후 스냅챗을 통해 많은 혜택을 받았으며, 이제 다음 포지셔닝을 꿰차야 할 때다. 여기서 'Bitmoji for Games'가 그 이상의 파급효과를 가져다줄 수 있다. 이들은 미니게임을 많이 즐기는 동남아시아권같이 아직 스냅챗이 제대로 진출하지 못한 국가들에서 스냅챗의 신규 유저 유치를 도울 수도 있고, 인디게임 개발자들을 스냅의 생태계 안으로 유인할 수 있다. 또한 브랜드 파급효과 역시 점점 커지고 있으니 제휴 에셋에 대한 협업 역시 기대해볼 수 있을 것이다.

05 메타버스 두 번째 인프라, 월드·게임

많은 기업이 '메타버스 공간을 자력으로 만들어야 하는가?'를 고민하지만 잘 실행하지 못한다. 그래서 그런지 현재는 다양한 플랫폼(제페토, 로블록스, 더샌드박스, 마인크래프트 등)을 활용해 그곳에서 기업의 가상 공간을 구축하는 사례를 종종 확인할 수 있다. 기존 사용자 없이 메타버스 공간 내로 고객을 유입시켜야 한다는 것이 기업 입장에서는 큰 부담이면서, 자체 메타버스를 기반으로 공간을 만드는 데 예산 등의 부담이 따르기 때문일 것이다.

가상 공간인 메타버스가 원활히 운영되게 하려면 기존 오프라인 공간과 현실 공간을 그대로 구현하는 것이 다가 아니다. 그 이상의 가치를 전달해야 하고, 새로운 생태계를 조성해야 한다. 이런 고민이 많다 보니, 리소스가 많이 들어가는 메타버스 구축 작업을 수행하거나 개발을 진행한다면 오히려 마이너스가 될 수 있는 요인들이 많아진다. 그럼에도 여러 요인으로 인해 다른 플랫폼에 의지하기엔 어려운 상황이라면 자체적으로 제작하고 테스트해볼 수 있는 가상 세계 지원 인프라 서비스를 참고하면 좋을 것이다.

프로토타입을 빠르게 제작할 수 있는 인프라

• • • • •

유튜브가 처음 세상에 등장했을 때, 사람들은 전문화된 프로덕션 콘텐츠가 아니라 크리에이터 개개인이 올린 각종 UGC 동영상에 관심을 가졌다. 그렇게 유튜브는 온라인 비디오를 통해 폭발적으로 성장했다. 메타버스에 대한 관심이 전 세계적으로 급증하자, 비슷한 논리로 많은 사람이 앞으로 UGC 기반의 게임을 많이 할 것이라는 가설에 바탕을 두고 만들어진 것이 코어Core 다.

만티코어게임즈에서 개발한 코어는 서비스명 그대로 사용자가 누구나 개개인의 '핵심' 가치와 목적이 담긴 높은 퀄리티의 게임을 쉽게 만들 수 있도록 도와준다. 2022년 3월 기준으로 2만여 개의 사용자 창작 무료 게임을 즐길 수 있으며, 이 모든 것을 하나의 아바타를 활용해 즐길 수 있다는 점이 다른 서비스와 자별화되는 시점이다. 특히 범용적인 메타버스 개발 툴로 활용되는 언리얼 엔진을 기반으로 개발되기에 로블록스나 마인크래프트 같은 서비스보다 높은 퀄리티를 선사한다. 이는 어린 연령층이 아닌 청소년과 청년층의 고객을 타깃으로 서비스 경험을 제공할 수 있음을 의미한다. 코어에서 사용자들은 나만의 버추얼 월드를 만들 수 있을 뿐만 아니라 다양한 자산도 창작할 수 있다. 또한 해당 공간에서 창조된 아이템을 사용자들이 구매할 경우 수익의 50%를 정산 받는다. 이는 타 플랫폼과 비교했을 때 코어가 크리에이터를 우선시한다는 점을 보여준다. 현재 알파 서비스를 운영하고 있음에도 10만 명 가까운 크리에이터 겸 사용자가 활동하고 있으며, 그 안에서 수만 가지 게임이 제작되고 있다.

만티코어게임즈는 사용자와 크리에이터를 위한 멀티버스 플랫폼multiverse platform을 개발하겠다는 목적을 밝힌 만큼 사용자들에게 친화적인 플랫폼을 만들 것이다. 이 서비스를 유심히 지켜봐야 하는 이유는 높은 퀄리티를 자랑하는 메타버스 서비스인 포트나이트와 유사한 경험을 코어에서 제공할 수 있기 때문이다. 실제 만티코어게임즈는 에픽게임즈에서 투자유치를 받았고 동시에 다양한 리소스를 공유받아 운영되는데, 포트나이트뿐만 아니라 언리얼 엔진상의 플랫폼에서 돌아가는 에셋들도 제한없이 활용할 수 있다.

또한 현재 프로덕트를 만드는 단계이다 보니 많은 크리에이터를 영입하기 위해 유튜브에 코어 아카데미Core Academy라는 채널을 운영하며, 각종 리소스와 소프트웨어 시스템 강의를 무료로 제공하고 있다. 일반적으로 게임형 메타버스를 구현하고자 하는 게임 산업 분야의 회사라면 게임 내 퀘스트 설계부터 에셋 제작까지 쉽고 자유롭게 설계할 수 있다. 이 플랫폼을 테스트베드로 활용한다면 어떤 형태의 메타버스를 구현하고자 하는지 제안서를 작성하고, 프로토타입도 빠르게 제작할 수 있을 것이다.

메타의 선택을 받은 인프라

· · · · ·

많은 기업에서 게임 형태의 메타버스 서비스 구현을 어려워하는 이유는 서비스 사용자들이 '게임을 안 하기 때문'이라는 이유도 있겠으나, 그보다는 '접속을 위한 로그인 과정'에 높은 장벽이 있기 때문이다. 이 장벽을 넘기 위해 메타는 다양한 전략을 구사하고 있는데, 그중 한 가지가 앞서 설명한 코어와 유사한 클라우드 게이밍 플랫폼인 크레이타Crayta 서비스를 인수·합병한 것이다.

크레이타는 유닛2게임즈Unit 2 Games라는 게임 회사에서 만들었는데, 이 회사는 서비스를 종료한 구글의 클라우드 스트리밍 게임 플랫폼 스태디아Stadia에서 독점 론칭을 진행한 이력이 있다. 크레이타는 현재 포트나이트와 코어처럼 언리얼 엔진 환경에서 다양한 버추얼 월드 및 게임 창작을 지원하는 툴을 만들고 있나. 무엇보나도 나양한 사람들 간의 협업을 지원하기 때문에 친구끼리 하나의 공간을 만드는 것 역시 가능하다.

이 외에도 포트나이트의 핵심 비즈니스 모델 중 하나인 배틀 패스Battle Pass를 벤치마킹하여 크레이타에서 자체 제작한 버추얼 월드 및 아이템(감정 표현, 드론 등)을 구매할 수 있는 형태로 만들어 고객들에게 접근하고 있다. 페이스북이 전 세계 사용자를 소셜 피드로 연결했듯, 크레이타 게임 역시 누구나 다양한 환경에서 게임을 즐길 수 있도록 클라우드 환경에 기반해 개발됐다. 이것이 장비를 사야 게임을 할 수 있는 콘솔게임 서비스와 다른 점이다. 크레이타는 메타에 편입된 후 클라우드에서 누구나 공간을 만들고 쉽게 플레이할 수 있는 환경을 구축하고자 한다고 밝혔다.

향후 메타버스 공간으로 서비스가 확장됐을 때, 크레이타는 마치 페이스북과 같은 역할을 하게 될 것이다. 그러므로 소셜 기능을 제공하는 서비스에서 자연스럽게 게이밍으로 넘어갈 수 있다. 사용자들이 페이스북이나 인스타그램에서 라이브로 대화하며, 새로운 친구들을 사귀고 메신저로 실시간 소통을 할 테니 말이다. 정산을 할 때도 메타 내에서 발행 및 활용할 예정인 코인으로 지급하게 된다면, 메타의 생태계는 점점 더 커질 것이다. 이렇듯 페이스북과의 연동, 공동창작이 가능한 협업 환경 그리고 높은 퀄리티의 제작 툴 지원 등이 있기에 크레이타는 참고할 만한 훌륭한 게임 제작 플랫폼이다.

많은 기업이 메타버스 비즈니스에 진출하고자 할 때 로블록스와 같은 플랫폼형을 지향하는데, 이는 인터넷 환경에 대한 익숙함과 예측이 반영된 결과물이라고 생각한다. 예를 들자면 웹2.0이라는 개념이 나왔을 때, 누구나 웹사이트를 쉽게 만들 수 있었고 쇼핑몰처럼 수익을 창출할 수 있게 하는 소프트웨어들이 많이 나왔다. 현재는 많은 사람이 '쉽게 웹사이트를 만드는' 것처럼 '가상 공간을 구축하고 교류하는 것'에 익숙해진 상태라고 말할 수 있다. 이에 다양한 기업이 보다 더 편하게 공간을 만들 수 있는 솔루션을 개발해내고 있다.

따라서 메타버스 신사업으로 가상 공간을 구현하고자 하는 회사라면 반드시 고려해야 할 점이 있다. 다음 세대와 기존 세대 모두가 가상 공간에 접속하는 순간, 오프라인 공간을 방문한 것과 비슷한 재미와 경험을 느껴야 한다는 점이다. 그리고 현재까지 이런 가치를 전달할 수 있는 가장 효과적인 분야로는 앞서 언급한 것처럼 게임과 소셜 서비스 등을 꼽을 수 있다.

만약 이러한 항목들을 직접 구현하는 게 어렵다면, 다양한 영역에서 활동하는 크리에이터가 참여할 수 있는 구조를 설계하거나 기업에서 게임화된 공간을 만들어 재미 요소를 끌어내는 것이 지금으로선 성공적인 메타버스를 구현하는 방법일 것이다.

그림 52 **크레이타 에디터로 만든 공간과 건물**

출처: 크레이타 웹사이트

7장

가상 오피스 · 패션 서비스 메타버스 제작하기

01

가상 오피스
기획 가이드

메타버스라고 해서 매력적인 서비스를 만드는 방법이 완전히 다른 것은 아니다. 앞서 이야기했듯 좋은 서비스를 만들기 위해서는 고객의 문제에 집중해야 한다. 고객의 문제를 해결하려면 고객이 누구인지, 고객의 행태는 무엇인지, 그들의 니즈와 불편한 점이 무엇인지 알아야 한다. 5장에서 메타버스 서비스를 직접 만들 때는 고객의 문제가 무엇인지 알고, 고객의 문제를 해결할 핵심 경험을 구체화해야 한다고 강조했다. 핵심 경험을 구체화하는 과정에서는 3장에서 언급한 메타버스 구성 요소인 아바타·공간·세계관을 활용할 수 있고, 4장에서 소개한 것처럼 크리에이터나 IP와의 협업도 시도해볼 수 있다.

이번 장에서는 대표적인 메타버스 비즈니스 기회 영역인 가상 오피스와 패션 영역에서 메타버스를 어떻게 활용할 수 있는지 알아보자. 신규 메타버스 서비스를 만들고자 하는 담당자라면 메타버스 기획을 시뮬레이션해보는 좋은 기회가 될 것이다.

고객의 불편함부터 찾아라

· · · · ·

먼저, 고객의 니즈와 불편점부터 찾아서 분석해보자. 재택근무가 확산되는 가운데, 넷플릭스의 리드 헤이스팅스Reed Hastings CEO가 2020년 6월 〈월스트리트저널〉과의 인터뷰에서 "재택근무는 어떤 장점도 없다!"라고 발언했다. 발언 내용보다 더 인상적인 것이 그 이유였는데, 그는 "새로운 아이디어를 얻으려면 토론을 해야 하는데 재택근무를 하면 모이기가 어렵다"라면서 의사소통과 협업이 어렵다는 점을 지적했다. 그의 말처럼 재택근무에 대한 찬반 논쟁보다 더 중요한 것은 '재택근무를 할 때의 단점이 무엇이고, 그것을 어떻게 극복하느냐'다.

2020년부터 지금까지 재택근무를 한 지 어느 새 3년째이고 여러 장점이 있지만 여전히 단점이 많다. 사무실로 출근하면 옆자리에 앉은 동료와 쉽게 논의할 수 있고, 글로 표현하기 어려운 문제가 생

표 10 **재택근무의 장단점**

순위	재택근무의 장점	재택근무의 단점
1위	유연한 스케줄 관리(32%)	협업과 커뮤니케이션 문제(20%)
2위	어디에서나 일할 수 있음(26%)	외로움(20%)
3위	출퇴근 시간 절약(21%)	일과 가정의 구분 어려움(18%)
4위	가족과 많은 시간을 보낼 수 있음(11%)	업무 집중력 저하(12%)

출처: 버퍼리서치 2020

겄을 때 직접 찾아가서 머리를 맞대고 이야기하면 쉽게 해결되기도 한다. 스몰토크를 하거나 같이 점심을 먹으면서 소속감을 느끼기도 하고, 점심 후 졸음이 올 때 옆자리에서 열심히 일하는 동료를 보고 자극을 받아 마음을 잡고 다시 일하게 되기도 한다.

2020년 버퍼리서치Buffer Reserch가 조사한 '원격 근무 현황'에 따르면 재택근무는 유연한 스케줄 관리와 근무 공간의 자율성, 출퇴근 시간 절약 등의 장점이 있다. 재택근무의 단점은 크게 세 가지로 볼 수 있다. 바로 소통의 어려움, 소속감을 느끼기 어려움, 업무 효율 저하다(표 10).

그뿐만이 아니라 줌 피로는 재택근무가 확산되면서 새롭게 발생하고 있는 문제다. 재택근무 환경에서 늘어난 화상회의를 하면서 얼굴과 집이라는 개인적인 공간 및 사생활을 노출해야 하는 피로가 쌓이고 온라인 화면으로만 소통하다 보니 정신적 과부하가 걸리는 것이다. 2020년 11월, 〈이코노미스트〉는 심지어 "재택근무로 인해 근무 시간이 평균 30분 늘어났다"라고 하면서 재택근무가 업무 생산성을 떨어트린다는 점을 지적했다.

이런 문제들을 해결하기 위해 여러 가지 협업 툴이 나왔고 많이 개선하기도 했지만, 여전히 실제 근무를 할 때의 문제점을 온전히 해결해주지는 못한다. 특히 소통과 협업의 어려움, 소속감을 느끼기 어려움, 일과 사생활의 구분 어려움 등으로 인한 업무 효율 저하 문제는 지속적으로 해결해야 하는 숙제다. 가상 오피스 서비스를 비롯한 많은 화상회의나 협업 툴은 이런 문제점을 해결하는 방향으로 진화해야 한다.

가상 오피스의 핵심 방향성은 무엇인가

• • • • •

이렇게 고객의 문제를 파악했다면, 그 문제들 중 가장 중요한 문제를 선정해야 한다. 이는 가상 오피스 서비스의 핵심 방향성이 될 것이다. 재택근무를 하면서 가장 어려운 문제는 소통의 어려움이다. 버퍼리서치 결과만 봐도 재택근무의 단점 1위는 소통이다. 여기서 소통은 소속감과도 연결되어 있다. 예를 들어 한 회사는 코로나 이후 비대면 소통을 활성화하기 위해서 온라인으로 점심 행사를 시원하거나 주기적인 스몰토크를 독려했다. 그 결과 직원들이 독려 이전보다 소속감을 더 느끼고 소통을 더 원활하게 했다고 한다. 또 신입이든 경력이든 새로 입사한 직원들 역시 비대면 소통을 장려하고 정책적으로 지원하는 회사일 때 초기에 적응하기 훨씬 더 쉽다고 답했다는 조사 결과도 있다. 소통이 원활해지면 소속감은 자연스레 따라올 것이다.

직장에서의 일과를 보면 소통의 연속이다. 소통만 봐도 다양한 대상과 행태가 있다. 아침에 출근하면 옆자리 동료와 인사를 나누고, 팀원과 스몰토크를 하면서 자연스레 업무 논의를 하고, 지인과 오랜만에 점심을 먹고, 오후에는 팀 회의를 하거나 아이디어 워크숍을 하고, 팀장과 1:1 면담을 한다. 이 모든 것이 업무 중 다양한 소통의 양상인데, 이를 원활히 할 수 있게 해줘야 한다. 재택근무의 단점 3, 4위가 '일과 가정의 구분 어려움, 업무 집중력 저하'임을 보면 소통과 동시에 업무 몰입을 도와주는 것도 중요하다. 많은 회의와 할 일을 놓치지 않도록 적절한 알림과 스케줄링이 필요하고, 재택근무를 하면서 일과 가정이 분리되게 할 방안도 필요하다.

BCG Boston Consulting Group가 2020년에 실시한 재택근무에 대한 임직원 조사에 따르면, 코로나 이후에도 사회적 연결에 만족한 직원이 그렇지 않은 직원보다 생산성이 3.2배 높다고 확인됐다. 비대면 시대에도 동료와의 사회적 연결이 업무 생산성에 큰 도움이 됨을 알 수 있다. 실제 고객들을 만나보면 소통 및 업무 몰입과 관련해서 훨씬 더 다양한 행태, 니즈, 불편한 점들을 알 수 있을 것이다.

이를 기반으로 메타버스 가상 오피스가 궁극적으로 제공해야 할 고객 가치를 구체화해보면, 서비스의 목표를 '원활한 소통으로 업무 몰입을 도와준다'로 정할 수 있다. 이 목표를 서비스의 핵심 가

표 11 **직장 업무는 소통의 연속**

	아침 인사	문서 작성	대규모 세미나	스몰 토크	팀원과 본격 논의	점심 (팀· 지인)	기획서 작성	팀 회의	회의록 작성	커피· 잡담	아이 디어 워크숍	1:1 면담
소통	○		○	○	○	○		○		○	○	○
몰입		○					○		○			

그림 53 **소통은 협업과 생산성을 올려준다**

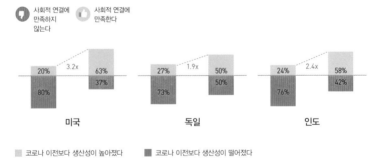

출처: BCG, 코로나19 임직원 조사, 2020

치이자 가치명제value proposition로 정하고 이 핵심 가치를 충족시켜주기 위한 시나리오와 핵심 기능을 정해야 할 것이다.

핵심 기능과 메타버스 구성 요소의 연결

• • • • •

핵심 방향성을 정한 다음에는 핵심 경험을 구체화해야 한다. 핵심 경험은 메타버스 서비스로 고객에게 전달할 구체적인 핵심 가치이고, 그 핵심 가치는 시나리오와 핵심 기능을 정의함으로써 구현할 수 있다. 그런 다음에는 핵심 기능을 가능케 하는 메타버스 구성 요소를 고려해야 한다. '원활한 소통으로 업무 몰입을 도와준다'라는 핵심 방향을 충족시켜주는 시나리오와 핵심 기능을 정의해보자.

다양한 표현이 가능한 아바타

메타버스 구축은 아바타에서 시작된다. 아바타는 나를 표현해주는 또 다른 나이며 나의 정체성을 보여주는 도구다. 가상 오피스에서 아바타는 개인의 정체성을 보여주는 동시에 회사 생활을 하면서 타인과 소통할 수 있도록 보조하는 역할을 한다. 이때 아바타는 2D 형태보다는 3D가 다양한 모습과 다양한 감정 표현에 용이하다. 예를 들면, 2D 그래픽인 게더타운보다 2.5D나 3D인 소워크나 버벨라에서 더 다채로운 표현을 할 수 있다. 게더타운에서는 손뼉 치기,

하트, 손들기 등 여섯 가지 감정 표현만 가능하지만 버벨라에서는 아바타가 다른 사람들과 악수를 하거나 춤을 추거나 짜증을 내는 등의 다양한 감정 표현을 할 수 있다.

또한 직장이라고 해서 정장에 넥타이를 매고 천편일률적인 머리 스타일을 한 딱딱한 아바타 모습일 필요는 없다. 2021년 10월에 발표한 메타의 커넥트2021Connect2021 영상을 보면 로봇 모습을 한 아바타도 있고, 공중부양을 하는 아바타도 있다. 반드시 실물을 닮을 필요도 없고, 사람일 필요도 없다. 우리가 카카오톡 이모티콘을 통해 텍스트만으로는 부족한 감정 표현을 할 수 있는 것처럼, 다채로운 모습의 아바타가 직원 간 풍부한 소통을 도와줄 것이다.

아바타를 구현할 때 외부 IP와 협업한다면 내가 좋아하는 영화 배우를 선택하거나 디즈니 등 만화의 주인공을 선택할 수도 있을 것이다. 내가 〈어벤져스The Avengers〉의 아이언맨이 되어 하늘을 날아서 출근하거나 회의 시간에 맞춰 공중에 떠서 이동하는 모습은 생각만 해도 재미있는 경험이 아닌가.

다양한 연출이 가능한 공간 디자인

회사의 공간 디자인은 회사의 조직 문화와 관련이 있다. 많은 회사가 자유로운 분위기 속에서 소통할 수 있도록 다양한 공간 실험을 한다. 자유로운 소통을 위해 구글과 애플의 사무실 디자인을 벤치마킹한다는 이야기도 있다. 가상 오피스 또한 업무와 소통에 많

그림 54 **다양한 아바타와 공간을 구현한 모습**

출처: 메타 유튜브 채널

은 영향을 주며 어떻게 연출하느냐에 따라 분위기가 달라진다. 효율적인 커뮤니케이션을 원하는 회사는 실제 사무실과 동일한 공간을 원할 수도 있고, 자유로운 분위기와 수평적인 소통을 강조하는 회사는 해변이나 공원에서 업무를 할 수 있도록 연출할 수도 있다. 하와이나 발리섬의 분위기로 꾸며 여행과 일을 병행하고 있다는 느낌을 줄 수도 있다. 이렇듯 휴양지 분위기의 가상 오피스는 디지털 노마드의 로망을 실현시켜줄 것이다. 다양한 연출이 가능한 공간은 업무할 기분이 나게 해주고, 그 공간에서 느낄 수 있는 자유로움은 원활한 소통을 도와줄 것이다.

예로, 메타버스 가상 오피스 서비스 중 하나인 소워크는 여덟 가

그림 55 **여러 가지 콘셉트의 공간을 선택할 수 있는 소워크**

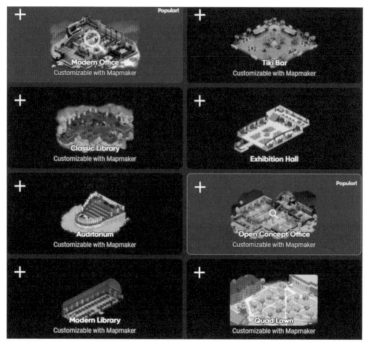

지 콘셉트의 공간을 선택할 수 있고, 일부 공간은 자유롭게 설계할
수 있게 했다. 클래식한 도서관 분위기나 강당 콘셉트뿐 아니라 야
외 공원, 야자수가 있는 바, 분수가 있는 전시 공간 등 누구나 한 번
쯤은 가보고 싶어할 만한 공간들이다. 공간 선택뿐만 아니라 이 안
에 있는 나무나 화분, 벤치, 분수, 책상, 의자 등 다양한 소품을 활

용해서 오피스 공간을 꾸밀 수 있다면 출근하고 싶은 가상 오피스를 연출할 수 있을 것이다.

가상 오피스이기 때문에 공간을 연출할 때 한 가지 더 고려해야 한다. 바로 직원 개인의 책상, 자리다. 회사에 가면 많은 사람이 취향과 관심사에 따라 자기 자리를 꾸미곤 한다. 가족사진과 엽서, 작은 화분, 피규어 등 다양한 소품을 이용해 공간을 연출하는 직원도 있다. 가상 공간에서는 현실 공간보다 더 다양한 연출이 가능하다. 화분과 피규어뿐만 아니라 반려동물을 키울 수도 있고, NFT를 활용하여 유명 아티스트의 디지털 콘텐츠를 구매해서 전시할 수도 있다. 물론 내 공간은 나의 취향을 드러내는 감성적인 연출뿐만 아니

그림 56 **컴투버스가 제공하는 직원의 자리 공간**

출처: 컴투버스 유튜브 채널

라 내가 업무에 몰입할 수 있도록 '해야 할 일'이나 '스케줄'이 눈에 띄게 설계해야 한다. 2021년 12월 공개한 컴투스의 컴투버스에서도 내 공간에서 '해야 할 일', '스케줄'을 잘 볼 수 있게 하는 장치를 마련해놓았다.

우리가 더 나은 소통과 업무 몰입을 위해 실제 사무실 공간을 연출하는 것처럼, 가상 오피스 공간 연출은 회사 분위기를 만들고 직원 간 원활한 소통을 도울 것이다. 그뿐만이 아니라 공간을 꾸미고 내 자리를 꾸밈으로써 각자의 취향을 드러내고, 로망을 실현하고, 가고 싶은 회사를 만들 수도 있다.

나의 업무를 도와주는 NPC

가상 오피스에서는 인공지능과의 융합도 중요하다. 특히 인공지능은 사용자가 업무에 몰입할 수 있도록 도움을 줄 수 있는데, 메타버스에서는 인공지능의 역할을 NPC에 부여할 수 있다. NPC는 게임에서 중립적인 역할을 하면서 내 캐릭터가 미션을 잘 수행할 수 있도록 도움을 주거나 아이템 및 장비를 팔기도 하는데 가상 오피스에서도 업무를 할 때 도움을 주는 역할을 할 것이다.

NPC는 사용자가 알면 좋은 정보 또는 놓치지 말아야 할 정보를 알려주거나, 필요한 정보를 요청했을 때 쉽고 빠르게 찾아주거나, 업무를 할 때 실제적인 도움을 줄 수 있다. 아침에는 오늘 날씨나 요일을 알려줌으로써 하루를 가볍게 시작할 수 있도록 도와주고,

그림 57 **실시간 통역을 해주는 메시의 기능**

출처: MS 이그나이트 유튜브 채널

그날의 할 일이나 스케줄을 다시 한번 알려주거나 회의 알림을 해주음으로써 업무를 놓치지 않게 해준다. 사내 시스템이나 외부 시스템과 연동하여 유관 부서의 도움이나 정보가 필요할 때 사용자를 도와줌으로써 업무 효율을 높여주기도 한다.

2021년 11월 이그나이트2021ignite 2021에서 MS는 메타버스 협업 툴로 메시Mesh를 소개했고 AI가 영어와 한글을 실시간으로 통역하는 시나리오를 보여줬다. 실시간 통역 기능은 소통의 범위를 확장해주는 역할을 한다. 메시를 활용해서 우리는 다른 언어를 쓰는 사람과도 시간과 공간을 초월해서 자유롭게 소통할 수 있다. 이런 기능들을 탑재해 NPC로 사람들을 연결한다면 가상 오피스에서의 업무 효율이 극대화될 것이다.

온·오프라인 연결을 위한 외부 서비스와의 협업

코로나 이후 재택근무가 활성화되면서 많은 회사가 클라우드 오피스cloud office를 지향하고 있다. 클라우드 오피스를 활용하면 내 PC에 워드나 파워포인트, 엑셀 프로그램이 없어도 클라우드 PC 안에서 다양한 업무 프로그램을 사용할 수 있다.

가상 오피스 역시 다양한 업무 프로그램 및 협업 툴을 지원할 수 있어야 한다. 문서 작업이 많은 회사를 위해서는 MS 오피스 프로그램을 지원해야 하고, 디자인 업무를 하는 직원들을 위해서는 어도비Adobe 프로그램을 지원해야 한다. 그 외에도 소통과 협업을 위해서 슬랙Slack, 컨플루언스Confluence, 지라Jira 등 다양한 협업 툴을 지원하거나 유튜브, 트위터 등 업무를 하면서 활용할 수 있는 다양한 사이트와도 쉽게 연결되게 해야 한다. 가상 오피스와 미리 연결되어 있지 않으면 사용자는 가상 오피스와 외부 서비스를 번갈아 가면서 써야 하므로 불편할 것이다.

타깃 고객의 업무 특성에 따라 필요한 프로그램과 미리 제휴하거나, 다른 사이트에 진입해 프로그램을 쉽게 사용할 수 있도록 UX를 설계해야 한다. 소워크도 가상 오피스 내에서 다른 서비스와의 연결에 대한 번거로움을 최소화하기 위해서 슬랙, 구글캘린더, 유튜브 등과 쉽게 연결되게 해주고 있다. 이렇듯 다른 업무 프로그램

그림 58 **슬랙, 구글캘린더, 줌 등 다양한 서비스와 연결되는 소워크**

출처: 소워크 웹사이트

이나 사이트와의 제휴를 확장하고 연결 경험을 최적화하면서 심리스한 연결 경험을 제공해야 한다.

성장과 동기부여를 도와주는 가상 오피스

가상 오피스를 소통과 업무 효율을 중심으로 현실의 회사 생활에서 겪게 되는 불편함을 해소하는 방향으로 구축하기로 했다고 하자. 그렇다면 추가로 어떤 기능을 넣어서 다른 가상 오피스 서비스와 차별화할 수 있을까?

한 단계 더 나아가 고객의 문제를 생각해보자. 회사 생활을 하는 대다수의 욕망은 무엇일까? 바로 개인의 능력 및 커리어 성장이다. 따라서 궁극적으로 개인의 성장을 지원할 수 있는 가상 오피스를 설계하기 위해 추가로 고려해볼 요소를 살펴보자.

다양한 미션 수행과 보상

미션 수행과 보상 등 게임 요소를 좀 더 적극적으로 활용함으로써 직원들에게 동기를 부여할 수 있다. 게임의 경우를 보자. 다양한 미션을 제공하고, 미션을 수행했을 때 레벨을 올려주고 각종 아이템 등 보상도 준다. 가상 오피스에서도 업무와 관련이 있는 이벤트들을 모두 미션화하여 각 미션을 수행했을 때 보상을 제공하는 방법을 활용해볼 수 있다.

예를 들어 중요한 발표를 해냈을 때, 프로젝트의 특정 단계를 끝냈을 때, 팀의 어려운 일을 도맡아 했을 때, 다른 팀원들을 도와줬을 때 등 업무와 관련한 이벤트를 수행했을 때 보상을 제공한다. 보상은 가상 오피스에서 사용할 수 있는 코인이며, 코인을 활용해서 내 아바타나 책상을 꾸밀 수 있게 한다.

2021년 8월 출시한 RPG인 마블 퓨처 레볼루션Marvel Future Revolution은 마블 캐릭터를 다양하게 커스터마이징함으로써 나만의 슈퍼히어로를 만들 수 있다는 점을 특장점으로 내세웠다. 가상 오피스에서도 업무 이벤트를 수행했을 때 보상을 제공하고 아바타나 내 공

그림 59 **헬멧, 갑옷 등 파츠별 커스터마이징이 가능한 마블 퓨처 레볼루션**

간을 꾸미게 한다면, 실제 업무를 하는 데 동기가 부여돼 게임을 하는 것처럼 재미와 성취감을 느끼며 업무를 수행할 수 있을 것이다. 때로는 업무를 도와준 동료에게 코인을 선물하거나 아바타를 꾸밀 수 있는 아이템을 선물하면서 가상 오피스에서만 느낄 수 있는 새로운 경험도 할 수 있을 것이다.

코인으로 제공하는 연말 인센티브

가상 오피스가 활성화되면 연말 인센티브를 가상 화폐나 코인으로 제공할 수도 있다. 각종 업무를 수행할 때마다 보상을 제공한다면 사용자에게 동기를 부여하고 성취감을 느끼게 함으로써 궁극적으로는 성장하도록 도와줄 수 있다. 다만 업무 성과와 성장을 판단할 수 있는 보상 이벤트의 종류와 범위에 대해 인사조직 등 유관부서와 촘촘한 설계가 뒷받침되어야 할 것이다.

메타버스 비즈니스 승자의 법칙

02

패션 서비스
기획 가이드

우리 삶에서 빼놓을 수 없는 세 가지가 있다. 바로 의식주인데, 그 중 '의'인 패션 산업은 매년 트렌드가 바뀌는 등 워낙 빠르게 변화하는 분야이기 때문에 의상 디자인뿐만 아니라 마케팅, 홍보에 있어서도 많은 고민을 한다. 최근 들어 패션 기업 중에서도 메타버스를 활용하는 기업이 늘어나고 있다. NFT 발행, XR eXtended Reality(확장현실) 기술을 적용한 패션쇼, 버추얼 휴먼 기용 등으로 패션과 메타버스의 경계가 허물어지고 있다. 특히 모건 스탠리Morgan Stanley는 디지털 패션 산업이 2030년까지 500억 달러의 가치가 있을 것으로 내다봤다. 따라서 패션 산업에서는 메타버스에 올라타는 일이 비즈니스

규모를 확장할 수 있는 기회 중 하나일 것이다. 디자인과 브랜드를 잘 알리기 위해서는 메타버스를 어떻게 이용해야 할까?

고객 문제와 핵심 방향성은 무엇인가

· · · · ·

패션의 분야를 나누자면 셀 수 없을 정도다. 상의, 하의, 모자, 신발 등 사업 분야가 다양한 만큼 기업도 넘쳐난다. 바로 여기서 고객의 니즈와 문제를 짚어낼 수 있다. '무수히 많은 의상 브랜드 중에서 무엇을 선택할 것인가?'가 그것이다. 선택해야 할 항목이 몇 가지 밖에 없다면 내가 원하는 것을 정확하게 비교해 빠르게 결정을 내릴 수 있다. 하지만 세부적인 선택지가 많으면 많을수록 오히려 혼란에 빠지는 일명 '선택장애'를 겪을 수 있다. 이것이 바로 고객의 문제이며, 메타버스를 활용해 고객이 우리 패션 브랜드를 선택할 수 있도록 안내해야 한다.

여기서 우리 기업은 Z세대를 타깃으로 한다고 생각해보자. 그러면 '우리 기업의 브랜드를 Z세대에게 각인시킨다'를 핵심 문제로 설정할 수 있다. '각인'이란 '머릿속에 새겨 넣듯 깊이 기억됨'을 뜻한다. 지워지지 않을 기억을 심기 위해서는 다른 브랜드와 차별화되는 특별한 고객 경험을 제공해야 한다. 특별한 경험은 일상적인 게 아닌 여행, 커뮤니티, 콘서트, 게임 등 '내가 좋아하는 활동'이 예가

메타버스 비즈니스 승자의 법칙

될 수 있다. 따라서 '특별한 경험의 구현'은 패션 기업을 위한 메타 버스 활용안의 핵심 방향성이 된다. 앞서 설명한 Z세대와 알파세대 특징을 참고해 그들이 좋아할 만한 경험을 메타버스 구성 요소와 연결해보자.

패션 서비스와 메타버스 요소 연결하기

· · · · ·

다양한 체형에 맞춰 의상을 입을 수 있는 아바타

Z세대는 콘텐츠를 빠르게 익히고 소비하는 특성을 갖고 있다. 따라서 패션 서비스 메타버스에 게이미피케이션 요소를 삽입하는 전략을 사용해도 좋다. 여기서 첫 번째 재미 요소는 '내 아바타에 직접 옷을 입혀보는 경험'이다. 앞서도 언급했듯 나이키나 아디다 스도 메타버스에서 실제 운동화 등을 신어볼 수 있게 한다. 스냅챗 에서는 증강현실을 이용한 의상 입어보기 기능AR Try-on Tool을 제공하 고 있다.

아바타의 설정을 2D보다는 3D로 하여 머리 길이, 둘레, 눈, 코, 입의 모양, 신장과 몸무게 등 디테일하게 설정해서 현실세계의 내가 옷을 입었을 때와 유사한 경험을 할 수 있게 한다. 더 나아가 아바타 에 옷을 입혀보고 구매하는 횟수가 높아질수록 '아바타의 등급'을 높여주는 장치를 넣을 수도 있다. 여기서는 등급이 높아짐에 따라

그림 60 **스냅챗의 의상 입어보기 기능**

출처: 스냅 웹사이트

아바타에 입힐 수 있는 특별한 액세서리를 제공하거나 직접 브랜드 옷을 디자인해볼 수 있는 등의 재미 요소를 넣어도 좋을 것이다.

아바타부터 NFT까지, 브랜드 세계관 구축

메타버스에 거대한 브랜드 세계관을 구축하는 방법도 있다. 아바타 제작에서 끝나는 것이 아니라 게임, NFT 등으로 연결해서 하나의 세계관을 만드는 것이다. 버버리는 블랑코스 블록 파티의 게임 운영사인 미시컬게임즈와 협업을 진행했다. 버버리 패션으로 꾸민 게임 캐릭터 NFT '샤크B'라는 아바타를 본칭한 것이다. 이는 750

그림 61 **버버리의 샤크B**

개 한정으로 발매되었고, 출시 30초 만에 완판되었다. 버버리는 한
정 발매된 콜렉션인 만큼 이를 웹사이트를 통해 거래하도록 유도했
는데, 약 35만 원에 발매되었던 아바타가 이후 세 배 이상 뛴 131
만 원에 거래되기도 했다. 버버리 브랜드를 상징하는 캐릭터가 없
기 때문에 메타버스를 활용해 신규로 아바타를 제작해서 브랜드 이
미지를 구축할 뿐만 아니라 직접 고객이 꾸미고 사고파는 가상 공
간의 경제 생태계까지 구현했다.

또한 2021년 8월, 루이비통은 200주년 기념으로 비비엔이라는
아바타가 주인공으로 등장하는 모바일 게임을 출시했다. 이 게임은

200개의 모노그램monogram이 새겨진 초를 찾아 일곱 개국을 모험하는 스토리가 중심이다. 아바타를 활용해서 게임 속 미션을 완수하면 총 30개의 NFT를 받을 수 있다. 게임을 하면서 루이비통 브랜드의 역사가 담긴 일화를 확인할 수 있으며, 수집하게 되는 NFT 또한 역사를 담은 것들이다. 역사와 전통을 디지털 형태로 전환하여 아바타를 자체적으로 만들고 소유할 수 있도록 메타버스에 구조화했다. 고객들은 이를 통해 루이비통을 시각적으로 인지할 뿐만 아니라 게임으로 재미도 느낄 수 있다. 즉, 루이비통에 대한 긍정적인 인식이 각인되는 것이다.

버버리와 루이비통이 NFT까지 발행하는 이유는 메타버스의 성장과 브랜드의 희소성을 동시에 붙잡을 수 있기 때문이다. Z세대는

그림 62 루이비통의 비비엔 아바타

출처: 루이비통 모바일 게임

메타버스 비즈니스 승자의 법칙

현실세계에서 자기 PR의 일환으로 패션 브랜드를 활용하듯, 디지털 공간이나 메타버스에서도 명품 및 다양한 패션 아이템을 활용해 자신을 알린다. 따라서 메타버스에 패션 브랜드나 아이템을 가지고 놀며 자랑할 수 있는 공간(세계관)을 만들면 Z세대는 나를 나타내는 하나의 수단으로 패션 브랜드를 사용할 가능성이 크다.

온·오프라인을 연결하는 경험

앞서 언급했듯 Z세대는 디지털 네이티브다. 현실과 가상의 경계가 뚜렷하지 않을 때 오히려 더 호기심과 재미를 느낀다. 따라서 온·오프라인을 심리스하게 연결하면 더욱 특별한 경험을 선사할 수 있다. 요즘 트렌드 중 하나로 '리셀resell'이 있는데, 이 경험을 디지털 공간으로 옮긴 스타트업이 있다. 바로 디지털 스니커즈를 신고, 거래할 수 있는 서비스 애글릿Agelt이다. 아디다스 이사를 역임했던 라이언 멀린스Ryan Mullins가 2019년 창업해 만든 서비스로, 누적 73억 원의 투자를 유치했으며 스니커즈 리셀 문화가 짜임새 있게 구성되어 있다. 나의 아바타를 움직여서 특정한 공간에 다다르면 스니커즈를 획득할 수 있는 게임 형태의 서비스다. 여기서 사용자가 가상 스니커즈virtual sneaker를 구매하면 걸음 1,000번을 기준으로 애글릿 토큰이 적립된다. 마치 현실세계에서 걷기만 해도 사용할 수 있는 돈을 지급하는 캐시워크cashwalk 서비스와 비슷하다.

애글릿에서는 현실세계의 날씨에 따라 실제 걸은 거리에 비례해 스니커즈의 마모도가 달라지며 계속적으로 신고 활동하다 보면 스니커즈가 망가져 신을 수 없게 된다. 이에 현실 스니커즈와 마찬가지로 수선을 받아야 하는데 서비스에서 지정해준 수리repair 공간을 찾아야만 수리를 받고 다시 신을 수 있다. 이후 서비스 내에 있는 마켓 플레이스를 통해 'Sneaker Shine' 혹은 'Energy'를 챙기면 마모도 복구 등 스니커즈 스펙 향상에 도움을 받을 수 있다. 스니커즈는 지도에 있는 'Treasure Stash'를 통해 구매할 수 있다. 몇몇 국가에서는 실제 스니커즈 당첨권을 숨겨놓기도 해서 타깃이 더 끌릴 만한 경험을 제공하고 있다. 당첨된 스니커즈는 다시금 리셀 형태로 거래가 된다.

이 서비스는 Z세대를 타깃으로 기획한 것이다. 운동도 할 수 있고 즐기다 보면 자연스럽게 실물 스니커즈도 얻을 수 있으며, 스니커즈를 리셀할 수도 있으니 트렌드와 메타버스가 잘 결합된 사례라고 볼 수 있다. 애글릿과 협업한 스니커즈 브랜드로는 아식스, 뉴발란스, 아디다스 등이 있다. 이와 유사한 형태로 우리 기업을 위한 메타버스 서비스를 만든다면 어떨까? 핵심 타깃에게 브랜드를 확실히 각인시키는 동시에 메타버스 커머스를 구축하게 되는 것이다. 이렇듯 시중에 출시된 사례 중 비슷한 분야의 서비스를 보며 우리 기업에 적용해볼 수 있다.

커뮤니티를 연결하라

Z세대는 특히 '커뮤니티'에 진심이다. 내가 좋아하는 집단이 있다면 친구에게 소개하기를 주저하지 않고, 스스로 커뮤니티를 결성하기도 한다. 내 취향에 따른 팬덤 활동을 즐기는 한편, '나는 이 그룹에 소속되어 있다'는 소속감과 대표성을 느끼기를 원한다. 또한 브랜드 커뮤니티에 몸담고 있다 보면 기업이 제공하는 여러 혜택을 우선적으로 받아볼 수도 있기에 더욱 열광한다. 따라서 패션 업계 메타버스도 자체 커뮤니티를 세우고 강화하는 방향을 설정할 수 있다. 기존 VIC_{Very Important Customer}를 구분하여 고객을 대하듯 메타버스 내에서 NFT 등의 멤버십을 만드는 식이다. 기업 입장에서는 브랜드에 대한 충성도도 높이고 고객 데이터도 수월하게 수집할 수 있다.

메타버스를 가속화할 연료는 '고객 경험'이다

2030년까지 메타버스 시장 규모가 1,700조 원에 달할 것으로 예측 되면서 더욱 경쟁이 치열해지고 있다. 메타버스 시장에서 조만간 '승자독식勝者獨食. Winner takes all' 현상을 목격하게 될 것이란 전망도 나온 다. 메타버스 글로벌 대전 속에서 어떻게 승리를 거머쥘 것인가?

많은 돈을 들여 디자인한 아바타, 수만 가지의 세계관, 다양하고 화려한 공간과 아이템 등 각 요소 모두 메타버스를 구축할 때 중요 하게 생각해야 하는 것이 사실이다. 최첨단 기술이 적용된다면 분 명 퀄리티 면에서 감히 누가 뭐라 할 수 없는 정도의 메타버스가 만 들어질 것이다. 하지만 최고의 기술이 적용된 메타버스가 반드시 '최고의 메타버스'라고 말할 수는 없다. 메타버스는 단순히 기술적인 요소를 나열해서 설명할 수 있는 개념이 아니기 때문이다. 메타버스 구현에 있어서 가장 중요한 것은 바로 메타버스가 제공하는 '고객 경험CX'이다. 기술이 메타버스를 만드는 데 도움을 줄 수 있지만, 그게 전부는 아니라는 의미다. 많은 기업에서 가장 집중해야 할 키key를 놓치고 있는 것 같아 안타깝다. 그리고 이 안타까운 마음이 저자 3인을 뭉치게 했고, 책을 집필하게 추동했다.

특히 메타버스에 대한 개념은 어느 정도 이해하고 있지만, 막상 비즈니스에 적용할 방법을 몰라 막막해하는 실무자를 위해 최신 기업 사례를 살펴보며 비즈니스 인사이트를 제시하려고 노력했다. 비즈니스에 메타버스를 적용하려는 실무자의 90%는 "메타버스 만드는 데(활용하는 데) 비용이 얼마나 들어가나요?", "메타버스를 만들 때 어떤 기술이 필요한가요?", "메타버스는 어떻게 만들어야 하나요?" 등 질문을 한다. 물론 중요한 질문이지만, 이 질문이 첫 번째로 나와선 안 된다. 성공적인 메타버스 비즈니스를 위한 첫 번째 질문은 "우리 기업이 메타버스로 어떤 고객 경험을 만들 수 있을까요?"가 되어야 한다.

고객 경험이 먼저 정의되어야 이후 메타버스 구성 요소를 기획할 수 있고, 어떤 기회를 잡아야 하는지도 명확해진다. 기업마다 비즈니스마다 적용해야 하는 방식은 다르다. 이미 출시된 메타버스 서비스를 활용하는 수단부터 직접 메타버스를 설계하고 구축하는 것까지 방법은 다양하다. 따라서 비용과 기술부터 묻지 말고, 고객에게 제공해야 할 고객 경험을 먼저 고민해야 한다. 즉 메타버스에 대한 what이나 how보다는 why를 먼저 고민해야 한다는 뜻이다.

메타버스 정의부터 기업들의 활용 방안 및 분석, 고객 경험 설계는 LG그룹의 고객 경험 전문가 이상협 저자가 집필했다. 메타버스의 핵심 구성 요소인 아바타, 세계관 등을 기획하는 방법과 비즈니스 모델 등은 네이버Z의 제페토 기획자이자 플라브PLAV 대표 박상욱 저자가 집필했다. 제작 현장에서 많이 하는 질문과 답은 유니티 코리아Unity Technologies Korea 에반젤리즘 본부장 김범주 저자가 집필했다. 모두 현장에서 직접 보고 듣고 경험한 내용을 기반으로 한 것이기에 실무자에게 도움이 될 것이라 단언한다.

메타버스에선 기업의 체급은 상관없다. 덩치보다 실속이라는 의미다. 살아남는 메타버스와 사라지는 메타버스를 가르는 것, 즉 옥석을 가려주는 무기는 우리 메타버스에서만 느낄 수 있는 고유의 고객 경험이다. 새로운 패러다임이 등장했을 때를 보면, 유행처럼 번졌다가 이내 해당 분야에서 승자가 가려지곤 했다. 인터넷이 그랬고, 스마트폰이 그랬다. 많은 기업이 뛰어든 이 시장에서 곧 승자가 가려질 것이다. 그리고 우리는 그 중요한 기로에 서 있다. 이 책이 혁명적 변화 속에서 독자 여러분이 보다 좋은 기회를 찾고 실제적인 고민을 해결하는 데 도움이 되었으면 좋겠다.

METAVERSE
WINNER
TAKES ALL

메타버스
비즈니스 현장에서
많이 하는
Q&A

Question

메타버스에서 '재미'는
왜 중요한가?

└ **Answer**

시장에 나와 있는 서비스를 보면 효율을 추구하는 서비스와 재미를 추구하는 서비스(주로 게임 등)로 나눌 수 있습니다. 효율을 중시하는 서비스는 가장 빠르게 목적을 달성할 수 있도록 만들어지고, 재미를 중시하는 서비스는 해당 서비스에 머무는 시간을 늘리는 것을 목적으로 합니다.

그렇다면 메타버스는 어느 방향으로 설계되어야 할까요? 게임은 결국 재미를 최우선으로 하여 설계하지만 메타버스 서비스는 이 두 가지 방향의 균형이 필요합니다. 중요한 것은 효율을 추구하다가 재미를 간과해서는 안 된다는 점입니다. 사용자가 목적이 달성되면 바로 접속을 끊기보다 그 공간에서 다른 이들과 소통하고 탐험을 통해 새로운 발견을 하며 새로운 가치를 만들어내는 것이 중요하기 때문입니다. 여기서 재미의 속성을 몇 가지 더 알아보겠습니다.

프랑스의 놀이 연구가 로제 카유아_{Roger Caillois}는 재미를 네 가지로 분류했습니다. 스포츠와 같은 경쟁 놀이인 아곤agôn, 도박처럼 순전히 운에 기대어 재미를 느끼는 알레아alea, 연극이나 소꿉장난처럼 흉내를 내며 즐기는 미미크리mimicry, 롤러코스터처럼 놀람과 흥분을 느끼고자 하는 일링크스ilinx 가 그것입니다. 대부분의 게임은 이 요소를 조합하여 새로운 형태의 재미를 만들어냅니다.

재미 요소들은 사용자가 서비스 원래의 목적에 집중하게 합니다. 또한 새로운 즐거움을 느끼고 해당 공간을 이해하고 기여하고 싶은 마음이 들게 해줍니다. 재미가 가상 공간에서 보내는 시간을 늘려주고, 그렇게 보내는 시간이 길어질수록 그 세계에 정이 들게 됩니다. 메타버스라는 공간은 재미로 인해 계속적으로 유지가 가능하고 하나의 거대한 사회로 성장할 수 있게 됩니다. 따라서 어떤 목적의 메타버스 서비스든 재미 요소를 삽입하는 것은 중요합니다.

**메타버스에 어떻게 재미 요소를
구현할 수 있는가?**

Answer

앞선 질문에 이어 메타버스와 재미 요소에 대해 이야기한 메타버스 전문가가 있습니다. 비머블의 CEO 존 레이도프인데, 그는 '메타버스는 진정한 게임화다'라는 글에서 메타버스에 게이미피케이션(재미) 요소를 더함으로써 사용자가 더 몰입하고 상호작용하며 사회화된다고 했습니다. 재미 자체의 속성이 네 가지로 나누어지듯, 메타버스 서비스를 기획할 때 구현할 수 있는 재미도 단순히 한 가지 형태만 있는 것은 아닙니다.

XEO디자인XEODesign 대표이자 게임과 XR을 연구한 니콜 라자로Nicole Lazzaro는 재미를 네 가지로 나누었습니다. 지금까지는 주로 게임에 적용됐는데, 메타버스에서도 충분히 구현할 수 있으며, 메타버스를 더욱 풍부하게 만들어줄 수 있는 요소입니다.

첫째, 어려운 재미Hard Fun, Challenge입니다. 어떤 것에 도전하고 그것을 성취했을 때 느끼는 재미입니다. 예를 들면 일반적인 게임에서 '주어진 미션을 해결하거나 해당 스테이지의 보스, 악당을 물리치면서 느끼는 성취감'이라고 할 수 있습니다. 둘째, 편안한 재미Easy Fun, Novelty 입니다. 역할극을 하거나 새로운 공간에 대한 호기심과 그것을 탐험하는 경우입니다. 우리가 게임을 할 때 '새로운 공간이 나오거나 새로운 캐릭터가 출현하는 것'과 같습니다. 셋째, 변화의 재미Serious Fun, Mean 입니다. 이는 게임 플레이어와 그들의 세계를 변화시키는 설렘입니다. 게임에서 '내 캐릭터를 꾸미거나 공간을 꾸미고 새롭게 만듦으로써' 느끼는 재미를 뜻합니다. 넷째, 사회적인 재미People Fun, Friendship 입니다. 이는 경쟁과 협력을 통한 즐거움을 뜻합니다. 가상 공간에서 '다른 플레이어들과 만나 친구가 되고 함께 즐기고 협력하면서' 느끼는 재미입니다.

이 재미 속성들을 메타버스에도 적용해볼 수 있습니다. 여기서 주의할 점이 있는데요. 게임에서 재미를 느끼게 하기 위해서 사용하는 요소들을 그대로 활용한다면, '이건 게임이지 메타버스가 아니지 않은가?'라는 질문을 받을 수 있습니다. 따라서 만들고자 하는 메타버스 서비스의 목적에 맞게끔 이들을 적용해야 합니다. 예컨대 교육 분야의 메타버스 서비스를 만든다고 할 때 목적은 '사용자가 학습에 몰입하고 역량을 향상시키는 데 도움을 주는 것'입니다. 이 경우 어려운 재미, 사회적인 재미, 변화의 재미를 활용한다고 해봅시다. 가상 공간의 교실에서 학생 아바타들은 모두 선생님의 수업을 듣고 있습니다. 선생님은 문제를 내고 아바타들은 그 문제를 맞히기 위해 경쟁하기도 합니다.

때로는 조별로 함께 문제를 해결하면서 다른 조와 경쟁하거나 협력합니다. 게임에서 미션을 클리어하는 것처럼, 선생님이 낸 문제를 함께 해결하면 보상으로 레벨업을 해준다거나 배지를 제공할 수 있습니다. 또 다른 보상으로 내 아바타와 책상 등 공간을 꾸밀 수 있는 포인트를 줄 수도 있습니다. 같은 조와 협력하거나 다른 조와 경쟁하면서 우리는 '사회적인 재미'를 느끼게 됩니다. 문제를 해결하고 보상을 받고 레벨업하면서 성취감을 느끼는 것은 '어려운 재미'입니다. 보상을 받아서 아바타나 책상 등 공간을 새롭게 꾸미는 것은 '변화의 재미'입니다.

게임이 재미라는 경험만을 지속적으로 제공하는 것이 중요하다면 교육, 공연, 가상오피스, 금융, 피트니스, SNS 등 여러 분야와 결합하면서 확장되는 메타버스 서비스는 재미를 제공하는 방식이 메타버스 서비스의 제공 가치에 부합하는가를 고려해야 합니다. 만들고자 하는 분야에서 고객에게 어떤 경험을 제공할 것인지를 정의한 다음, 재미 요소가 원래 목표로 한 고객 경험에 부합하는지를 가설 검증을 통해 지속적으로 확인하면서 구체화할 수 있습니다.

메타버스 비즈니스 승자의 법칙

사용자가 열광하는 세계관을 구현하는 방법은?

└ Answer

세계관은 가상 공간에 의미를 부여하고 일관성을 유지하는 역할을 합니다. 우리는 태어난 국가를 선택할 수는 없지만, 가상 공간은 얼마든지 선택할 수 있습니다. 더 많은 사용자의 선택을 받기 위해 매력적인 세계관, 들어가서 시간을 보내고 싶은 세계관이 필요합니다. 다만 세계관 역시 비즈니스 모델에 따른 접근 방법의 차이가 있습니다.

먼저 스토리 기반 세계관과 시스템 기반 세계관으로 나눠서 생각해 보겠습니다. 스토리 기반 세계관은 주로 기존 게임들이 가상 공간에서의 흥미를 유발하기 위해서 만드는 것이며, 비즈니스 모델에 따라 세부적인 진행 방식이 달라집니다. 예를 들어 Free2 Play(무료플레이) 게임의 경우는 주로 캐릭터의 성장 과정과 사용자 간의 협동·경쟁플레이를 통해 발생하는 재화와 아이템의 수요를 통해서 수익을 발생시킵니다.

패키지게임의 경우는 정해진 시나리오를 플레이하면서 얻게 되는 경험, 그 자체에 일정한 금액을 요구하는 수익모델을 가지고 있습니다. 이 경우 Free2Play 게임은 캐릭터가 계속 자신을 강하게 만들어야 하는 이유를 필요로 하므로 궁극의 악과 싸우는 끝없는 싸움과 같은 서사시적 스토리를 바탕에 깔게 됩니다. 싱글 플레이 기반의 패키지 게임 같은 경우는 게임을 구입하는 순간 이미 일정 금액이 지불되었기 때문에 끝없는 싸움보다는 엔딩까지 플레이하는 과정에서 경험의 밀도를 중요시합니다.

메타버스 역시 기본적으로는 가상 공간이기 때문에 '그 공간을 유지하기 위해서 어떤 방식을 취할 것인가' 하는 질문에서 세계관 구성을 시작해볼 수 있습니다. 비즈니스 모델이 가상공간 내의 아이템을 사고파는 수수료에 기반을 둔 것인가, 사용자들 사이의 경쟁심리에 기반을 둔 것인가 등 비즈니스 모델에는 다양한 종류가 있으며 그러한 지속적인 활동에 이유를 만들어 주는 방식으로 세계관은 만들어져야 합니다. 또한 세계관은 그 자체로 스토리는 아니며 오히려 스토리가 발생할 수 있는 조건이라고 봐야 합니다. 이러한 접근 방식은 MDA(규칙, 현상, 경험)라는 프레임워크로 설명할 수 있습니다. 가상공간 내의 규칙Mechanics에 따라 사용자들이 활동하면, 서로 경쟁이나 협동과 같은 현상Dynamics이 발생합니다. 그리고 그 결과에 따라 사용자들은 안타까움이나 만족감 같은 자기 나름의 스토리적인 경험Aesthetics을 느끼게 됩니다. 즉 스토리 기반 세계관이라고 하더라도 온라인상의 다른 사용자들과 상호작용하는 가운데에서 발생하는 경험을 토대로 수익이 나는 구조를 만들기 위해서는 세계관이 규칙으로 표현될 수 있어야 합니다.

시스템 기반 세계관 분야의 경우, 특별한 배경 스토리가 드러나지 않으며 사용자들이 만드는 콘텐츠를 기반으로 하는 공간입니다. 소위 말하는 '크리에이터 생태계를 만들기 위한 배경'으로서 역할을 하는 셈이죠. 여기서는 사용자들이 편하게 서비스를 이용할 수 있는 UI·UX나 콘텐츠를 만드는 크리에이션 도구의 완성도가 매우 중요하며 세계관은 콘텐츠를 만드는 크리에이터에 대한 긍정적 피드백과 보상 체계에서 일관된 가치를 느낄 수 있도록 하는 역할을 합니다. 즉, 사용자에게 이 세계 안에서 보내는 시간이 제대로 보상받고 안전하게 유지된다는 인식을 심어줘야 합니다. 그러기 위해서 타깃이 되는 사용자층이 선호하는 방식으로 가치 교환이나 화폐의 형태를 정의하고 콘텐츠 검색과 활용하는 방식에 일관성이 유지되는 것이 중요합니다.

더샌드박스의 예를 들어보면 '샌드'라는 토큰을 기반으로 가상의 토지나 아이템과 같은 에셋을 구입할 수 있고, NFT를 통해서 서비스 내의 에셋들을 다른 서비스로 옮겨 가는 기능을 지원하고 있습니다. 이러한 연결과 확장의 개념 역시 넓게 보면 세계관이라고 할 수 있는데 더샌드박스는 이를 위해 워킹데드, 스눕독, 아디다스 등 다양한 IP와 제휴 관계를 맺고 있습니다. 서비스의 가치 경험을 넓혀가는 전략에서 중요한 것은 스토리 그 자체보다 그 안에서 다양한 사람들 간의 상호작용이 일어날 수 있는 쾌적한 사용자 경험과 아트워크artwork의 일관성입니다. 더샌드박스는 또 가상공간과 그 안의 콘텐츠들을 복셀voxel이라는 심플한 방식으로 표현하고 있는데 이 방식은 더 많은 사용자가 콘텐츠를 만들 수 있도록 접근성을 강화하고 그 자체로 시각적 정체성으로 역할을 해서 어디서 보더라도 '저것은 더샌드박스 세계관'이라고 느끼게 합니다. 이처럼 시스템 기반 세계관은 스토리가 눈에 드러나지는 않지만, 사용자들이 직접 세계를 만들고 확장시켜 나가는 자유도를 보장합니다. 동시에 시각적 스타일과 같은 비언어적 요소를 통해서 사용자들이 더샌드박스라는 세계를 즐기고 있다고 느끼게 됩니다.

결국 기업이 제공하고자 하는 서비스의 사용자가 그 안에서 누구를 만나서 어떤 활동을 하고 싶어하는지를 이해하고 그 활동과 참여, 창작, 공유, 거래 등과 같은 활동을 잘 연결시키는 것이 중요합니다.

메타버스가 ESG 실현에
도움을 줄 수 있는가?

Answer

모건 스탠리의 'MSCI ESG 평가 기준'은 글로벌 3대 ESG 지수 중 하나입니다. MSCI에서는 ESG 영역별 10개 주제, 35개 핵심 이슈에 대해 AAA부터 CCC까지 7개 등급을 부여하고 있습니다. 각 주제와 메타버스를 연결해서 보면 ESG를 실천하기 위해 메타버스를 어떻게 활용해야 할지 알 수 있습니다. 메타버스로 ESG를 실천한 대표적인 몇 가지 사례들을 알아보겠습니다.

첫째, 가상 오피스는 ESG를 실천하는 손쉬운 사례 중 하나입니다. 우리는 보통 회사 출퇴근을 위해 1시간 되는 거리를 이동해야 합니다. 이때 자동차나 대중교통을 이용해야 하고 이는 당연히 이산화탄소 배출을 발생시킵니다. 하지만 메타의 호라이즌 워크룸이나 스페이셜의 가상 오피스에서 일하면 물리적인 거리 이동 없이 집에서 동료들과 회의하고 협업할 수 있습니다. 가상 공간에서 일하면 이동할 때 배출되는 배기가스를 줄이는 것뿐만 아니라 전기, 종이, 기자재 등을 덜 쓰게 되고, 각종 쓰레기도 덜

표 12 MSCI ESG 평가 기준(35개, 각각 1에서 10까지 점수 부여)

환경				사회				지배구조	
기후변화	천연자원	오염 및 폐기물	환경적 기회	인적 자원	제품에 대한 책임	이해관계자 관리	사회적 기회	지배구조	기업 형태
이산화탄소 배출	수자원 이용량	독성 물질 배출 및 폐기물	클린테크	노사 관계	화학물질로부터의 안전	윤리적 자원 조달	통신 접근성	이사회 구조	기업 윤리
제품의 탄소 발자국	생물 다양성과 토양 사용	포장재 및 쓰레기	친환경 건축	건강과 안전	소비자에 대한 금융 측면 보호	지역사회와의 관계	금융 접근성	급여	투명한 납세
금융의 환경 영향	원자재 수급	전기 사용량	재생 에너지	인적 자원 개발	개인정보 보안		헬스케어 접근성	소유와 경영 분리 등 오너십 구조	
기후변화 대응				공급망 내의 근로기준법 준수	책임 있는 투자		영양 및 보건 분야의 기회	회계	
					건강 및 인구통계학적 위기에 대한 보장				

메타버스 비즈니스 승자의 법칙

그림 63 **가상오피스에서 회의 중인 호라이즌 워크룸**

출처: 메타 유튜브 채널

발생합니다. MSCI ESG 평가 기준에서 '기후변화', '오염, 쓰레기' 등 환경적 영역Environment 을 만족하게 되는 것입니다.

뿐만 아니라 가상 오피스로의 출근은 '워라밸'을 중시하는 근로문화의 확대와도 맞물려 사회적 영역Social 중 근무 효율성 및 만족도와 관련한 '인적 자원'과도 연관이 됩니다. 재택근무나 하이브리드 근무(재택근무와 실제 출근을 혼합하는 근무 형태)를 확대함으로써 임직원들은 이동에 사용했던 시간을 업무에 활용함으로써 업무 효율성이나 근무 만족도를 올릴 수 있습니다. 이는 ESG 중 사회 영역에 해당합니다.

둘째, 디지털 트윈digital twin 을 활용한 디지털 가상 공장의 도입이 있습니다. 디지털 트윈은 가상 공간에 현실과 동일한 사물이나 공간을 만들고, 컴퓨터로 시뮬레이션함으로써 결과를 예측해 산업 및 사회의 문제를 해결하는 기술입니다. 현대자동차는 2022년 말 싱가포르 주롱 혁신단지에 현대자동차그룹 싱가포르 글로벌 혁신센터HMGICS를 건립할 예정인데, 이것과 동일한 디지털 가상 공장인 메타팩토리Meta-Factory 또한 구축한다고 합니다.

메타팩토리가 구축되면 현실의 공장에 문제가 발생했을 때 빠른 원인 파악과 원격 대응이 가능합니다. 또한 신차 양산 전에 공장 가동률을 계산하기 때문에 현실 공장의 효율성을 올릴 수도 있습니다. 공장에 직접 갈 필요가 없기 때문에 직원들의 건강과 안전, 인적 자원 개발에도 도움이 되는 등 인적 자원 항목을 해결할 수 있습니다. 그리고 가상 공장 운영을 통한 이슈 개선 및 효율화는 결국 제품 안정성과 품질 향상에 도움을 주어 '제품에 대한 책임' 항목을 만족시킬 수 있습니다.

셋째, 지속가능 경영 또는 기업 윤리 관련 프로그램을 운영한 사례입니다. 대표적으로는 유니티의 'Unity for Humanity' 프로그램이 있습니다. 3D 기술을 활용하여 지속가능한 세상을 조성할 수 있도록 지원하는 유니티의 소셜임팩트 프로그램인데, '환경 및 지속 가능성, 디지털 건강 및 웰빙, 교육 및 포괄적인 경제적 기회' 등 크게 세 가지 영역에서 프로젝트를 독려하고 프로젝트 수행 시 보조금을 지원하고 있습니다.

그림 64 폐허된 알레포를 재건하는 VR 게임

출처: futurealeppo 웹사이트

    2020년도 수상자 중 하나인 '알레포의 미래Future Aleppo'는 전쟁으로 파괴된 집과 도시를 재건하는 VR 게임입니다. 알레포는 시리아의 한 도시인데, 내전으로 인해 폐허가 된 곳입니다. 그곳의 아이들에게 종이를 이용해서 알레포를 재건하게 했고, 완성된 알레포를 VR을 통해서 경험할 수 있게 했습니다. 기술을 이용해서 아이들이 자신들의 도시를 재창조하게 함으로써 미래를 꿈꾸게 하고 트라우마를 극복하는 데 도움이 되게 했습니다.

    'SAMUDRA'도 'Unity for Humanity'의 2020년 수상자로, 오염된 바다를 여행하는 어린이의 모험을 그린 2D 게임입니다. 사

그림 65 **오염된 바다의 진실을 밝히기 위한 게임, SAMUDRA**

용자는 바다를 여행하면서 바다 오염의 진실을 밝히기 위해 다양한 수중 생물들과 만나게 됩니다. 이 외에도 미국의 불평등한 주거 시스템에 대한 문제를 제기한 'DOT'S Home', 인종차별에 대한 가상현실 교육 체험 프로그램인 'Our America'도 있습니다.

넷째, 가상 패션은 ESG와 더욱 직접적인 연관이 있습니다. 패션 산업은 UN 무역개발회의에서 세계에서 가장 큰 오염물질을 배출하는 사업 중 하나로 간주되는데, 패션 산업이 성장할수록 환경 피해가 증가하고 있습니다. 특히 패스트 패션의 유행으로 지구 환경 오염 문제가 심각해지고 있는 가운데, 드레스-X$_{Dress-X}$는 사용자가 패션센스를 뽐내고 다양한 아름다움을 드러내는 데 반드시 실제의 옷이 필요하지는 않다는 발상의 전환을 시도했습니다. 즉 드레스-X 앱이나 사이트에서 자신이 좋아하는 디자인의 가상 의상을 입고 SNS용 사진이나 영상을 촬영해서 업로드할 수 있게 만들었습니다. 팬데믹 기간 중 우리는 더 많은 시간을 온라인 공간에서 보내게 되었는데, 이 온라인 공간에서 가상패션으로도 충분히 환경에 주는 영향을 최소화하면서 패션의 목적을 달성할 수 있게 된 셈입니다.

이프랜드나 제페토를 보면 방마다 수용 인원이
제한되어 있는데, 메타버스에서 수용 인원은 왜 중요한가?

↳ **Answer**

한마디로 말하자면 네트워크에서 실시간으로 처리할 수 있는 명
령어의 수에 따라 서버 운용 비용이 달라지기 때문입니다. 예를
들어 하나의 공간에서 1명이 이동 및 제스처 등의 동작을 초당
평균 1회씩 보낸다면 100명이 있을 경우 초당 평균 100회의 명
령을 처리해야 함을 뜻합니다. 더 많은 서버를 사용할수록 동시
에 처리할 수 있는 범위가 늘어나지만 그만큼 비용도 늘어나게
됩니다. 또한 사용자들의 행동빈도는 개인에 따라 다르며 예측이
불가능하기 때문에 네트워크 부하를 모니터링하면서 적절하게
서버를 운영하는 기술이 필요합니다.

이러한 처리에 드는 부하는 서버를 어떻게 설계하느냐에 따라
서 달라질 수 있습니다. 그리고 디자인적으로도 적은 부하로 많
은 사람이 함께 있는 효과를 누리게 하는 방법들이 있습니다. 이
프랜드나 제페토의 경우 제한된 공간에 접속한 사람들끼리만 소
통할 수 있는 존 방식이라고 볼 수 있습니다. 이런 방식은 넓은

공간에서 동시에 수많은 사람의 행동을 처리하는 것보다 부담이 적은 방식이지만, 여전히 서버의 처리 능력 한계 때문에 설정한 수용 인원의 제한을 받게 됩니다.

예로, 제페토는 한 방의 수용 인원이 15명입니다. 같은 공간에 있으면 그래픽 모두를 신경 써야 하고, 다른 공간에 있다면 네트워크만 체크하면 됩니다. 움직임, 음성채팅, 텍스트채팅, 마우스 움직임, 마우스 좌표 등 모두 빠르게 처리해서 서비스하고 싶겠지만 어렵다면 동시 구현을 포기하고 적당한 선에서 균형을 맞춰야 합니다.

Question

메타버스 공간은
어떻게 구축하는가?

∟ Answer

가상 공간을 구축하는 일은 쉽지 않습니다. 현실세계와 달리 물리적 한계를 신경 쓸 필요 없이 상상한 대로 만들 수 있는 자유로운 공간이라는 사실이 장점이기도 하지만, 그렇게 만들어진 공간의 이유를 설명하고 결과에 대해 책임을 져야 한다는 점이 부담스럽게 느껴질 수도 있습니다.

공간을 완전히 자유롭게 만들 수 있다면 그 공간은 무엇으로 이루어져야 할까요? 아무것도 없이 텅 빈 창고 안도 공간이고, 골목 안까지 세세하게 디자인된 미래도시도 공간입니다. 그럼 비어 있는 창고는 나쁜 공간이고 디테일한 미래도시는 좋은 공간일까요? 반드시 그렇지는 않습니다.

예를 들어 영화 〈매트릭스〉를 생각해봅시다. 주인공인 네오가 매트릭스에 처음 접속해서 보게 되는 하얀색의 무한 공간은 아무것도 없는 공간입니다. 그렇기에 '매트릭스'라는 사이버 공간의 개념과 주인공의 낭황하는 반응을 드러내는 역할을 잘 수행합니다. 여기서 공간에 대한 열쇠를 찾을 수 있습니다. 즉, 공간은 '적절한 목적에 봉사하는 역할'을 하는 것입니다. 사람이 어떤 목적을 가지고 있는가에 따라서 그 공간의 시대나 문화적 배경이 결정될 것이고 또한 어떤 시장을 타깃으로 하는가에 따라서 그래픽의 기술적 사양과 스타일이 달라집니다.

그다음으로는 공간의 구조에 대해서 생각해볼 수 있습니다. 공간 구조는 단지 '예쁘게 보이도록' 만드는 것이 목적이 아닙니다. 이 역시 대상을 고려하고 목적에 따라서 만들어져야 합니다. 예를 들어 축하 파티를 위한 가상 공간이고, 프로젝트의 목표가 많은 사람이 가능한 한 중앙에 모여서 오랫동안 시간을 보내는 것이라고 해봅시다. 이럴 때는 아바타들의 동선을 자연스럽게 중앙으로 모이게 공간을 디자인해야 합니다. 혹은 일대일 상담을 위한 공간이라면 내담자와 다른 사람들의 목소리가 섞이지 않도록 독립된 공간을 구축하는 것이 목적이며, 그곳으로 사용자가 쉽게 찾아갈 수 있는 동선으로 구성해야 합니다.

조금 더 구체적으로 이야기해보겠습니다. 게임에서의 가상 공간은 ① 세계관을 느낄 수 있는 공간적 스토리텔링의 장소이며 ② 돌아다니는 것이 재미있어야 하고 ③ 목적에 따라 사용자의 동선을 제어할 수 있어야 합니다. 이 세 가지가 상호작용을 위한 공간 디자인의 기본 요소라고 할 수 있습니다.

공간적 스토리텔링의 사례는 많이 있지만 UBI소프트의 인기

게임 'The Division'을 예로 들어 보겠습니다. 이 게임은 전염병으로 폐쇄된 뉴욕의 중심가가 배경입니다. 사용자는 이 공간을 돌아다니면서 주인을 잃고 떠돌아다니는 개, 서로 생필품을 빼앗으려 싸우는 시민들, 여기저기 흩어진 바리케이드, 벽에 있는 낙서, 버려진 핸드폰 등을 통해서 전염병으로 인한 아포칼립스적 세계관이라는 단순화된 개념뿐 아니라 그러한 상황이 그 안에 있던 사람들의 삶에 어떤 영향을 끼치게 되었는지를 생생하게 느낄 수 있습니다. 메타버스가 기존의 정보 기반 인터넷에 비해 더욱 깊은 공감을 불러일으키기 위한 목적을 가지고 있다고 본다면 이러한 공간적 스토리텔링 요소는 사용자들이 가랑비에 옷 젖듯이 자기도 모르게 세계관에 빠져들게 만들어 주는 역할을 하므로 매우 중요합니다.

두 번째로 돌아다니기 재미있는 공간이란 무엇일까요? 그림이나 지도와 달리 아바타가 직접 이동하는 공간은 그 안에서 '발견의 재미'를 느끼게 만들 수 있습니다. 나의 움직임을 자연스럽게 유도하면서 그 움직임으로 인해 새로운 발견을 할 수 있고 다양한 아이템들과 상호작용 할 수 있는 공간은 모든 정보가 한 번에 눈에 들어오는 지도형의 공간이나 아무런 상호작용을 할 수 없는 단절된 환경보다 훨씬 더 재미있다고 느껴집니다. (지도를 볼 때 느끼는 재미 역시 전체를 볼 때 보다 눈으로 세부적인 것을 탐색하면서 느끼게 되는 것과 비슷합니다) 즉, 사용자의 개입이 보상받을 수 있는 디자인의 공간은 분명 재미의 한 요소를 충족시켰다고 말할 수 있습니다.

마지막으로, 목적에 따라 사용자의 동선을 제어하는 요소는 앞서 언급한 사용자의 움직임을 자연스럽게 유도하는 역할을 합니다. 이러한 유도 방법은 크게 명시적인 방법과 암시적인 방법으로 나뉩니다. 명시적이라는 것은 당연히 직접적으로 인지되는 방향의 표시나 푯말과 같은 정보를 토대로 활용하는 것입니다. 이를 보조하는 암시적인 방법은 언어나 기호 같은 직접적 정보로 설명하지 않고 대신 색이나 조명, 공간의 형태 등을 통해서 사용자들에게 암시적인 메시지를 주는 것입니다. 이는 일종의 넛지 Nudge 요소로 사용자들이 제작자의 지시가 아니라 스스로의 판단으로 이동하고 있다고 느끼게 하기 때문에 몰입도를 높일 수 있습니다. 성공적인 공간 디자인을 위해서는 이처럼 명시적·암시적 요소들이 적절히 밸런스를 유지하고 있어야 합니다.

이처럼 공간 구축을 위해서는 서비스의 목적에 따라 공간 내에서 그 목적에 영향을 주는 요소들을 정의하고 그 요소들을 구체화하는 것이 중요합니다. 요소들에는 공간의 크기, 방 개수, 조명, 층고, 시야, 사물, 사물과의 인터랙션 방식, NPC 등이 있으며, 이 요소들이 서비스에 어떻게 영향을 주는지 고민해서 구체화를 해야 합니다.

Question

메타버스를 구동하기 위해서는 고사양의 컴퓨터(혹은 기기)가 필요한가?

⌐ **Answer**

메타버스 서비스를 위해 반드시 고사양의 컴퓨터가 필요한 것은 아닙니다. 메타버스에도 다양한 종류와 접근 방법이 있어서 타깃으로 하고자 하는 시장과 사용자층에 따라 사양이 달라질 수 있습니다. 즉, 메타버스 중에도 고사양용으로 설계된 것, 저사양용으로 설계된 것이 있는데 이는 해당 메타버스가 어떤 사용자층을 대상으로 하고 있느냐에 따라 달라집니다.

예를 들어 고사양 메타버스는 고성능 그래픽카드를 내장하고 있는 PC나 비교적 최신의 게임용 콘솔이 있어야 구동이 가능하도록 설계되었기 때문에 일반 사무용 PC나 스마트폰과 같은 기기를 사용하는 '다수의 사용자'는 사용이 어려울 수 있습니다. 그 대신 정교한 그래픽을 표현하는 것이 가능하므로 이미 관련 기기를 가지고 있는 게이머들이나 회사 등 전문적인 하드웨어 환경이 조성된 경우에는 그 장점을 활용할 수 있습니다. 저사양용으로 설계된 메타버스는 전문 기기(하드웨어)가 없어도 활용할 수 있도록 비교적 단순한 그래픽으로 표현되기 때문에 잠재적 사용자층이 넓어진다는 장점이 있습니다.

고사양을 필요로 하는 사례 중 하나로 VR챗이 있습니다. 하지만 VR챗은 자체적으로 고사양을 전제로 만들어진 것이 아닙니다. 서비스 안에서 크리에이터들이 좀 더 다양하고 풍부한 창작물을 만들 수 있게 콘텐츠의 사양을 선택할 수 있는 오픈된 정책을 택했는데, 이러한 정책 때문에 사용자가 '어떤 종류의 콘텐츠(고사양인지 저사양인지 등)를 선택하는지'에 따라서 고사양이 필요한 경우가 생기게 됩니다.

결론적으로 메타버스를 구동하기 위해 무조건 고사양의 기기가 필요한 것이 아니라 서비스의 전략 방향성이나 서비스의 타깃 고객과 서비스 콘셉트에 따라 결정되는 것입니다.

많은 메타버스 서비스들이 더 나은 그래픽을 포기하고
저사양용으로 만들어지는 이유는 무엇인가?

Answer

더샌드박스, 디센트럴랜드, 모질라허브Mozilla hubs와 같은 웹브라우저 기반 메타버스는 그래픽이 단순하지만, 별도로 고사양 컴퓨터나 최신 하드웨어(콘솔 등)가 없어도 쉽게 즐길 수 있습니다. 따라서 다른 서비스에 비해 더 많은 사용자를 끌어 올 수 있습니다.

마찬가지로 제페토, 이프랜드ifland 같은 모바일 기반 메타버스 역시 일반적인 스마트폰만 있으면 접속이 가능합니다. 고사양의 하드웨어를 구매할 필요가 없기 때문에 사용자들이 서비스에 쉽게 접근할 수 있습니다. 이처럼 단순한(어쩌면 겉으로 봤을 때는 부족해 보이는) 그래픽을 가지고 있더라도 저사양 디바이스로 이용할 수 있는 서비스는 더 넓은 타깃에 도달할 수 있기 때문에 '최대한 많은 사용자를 확보'하고자 하는 목표에 충실할 수 있습니다.

그 외에도 다른 장점들도 있습니다. 사용자들이 직접 콘텐츠를 만들 때 그래픽적인 디테일을 신경 쓰지 않아도 되며, 더 자유로운 놀이 방법을 활용할 수 있습니다. 고사양 그래픽 게임의 경우 자세히 살펴보면 움직임이나 물리 규칙 등이 현실성을 유지하기 위해서 세세하게 조정되어 있는 점을 알 수 있는데 그러한 경우 사용자들이 정해진 규칙을 넘어서 움직이거나 조금은 '바보스러운' 맵을 만들게 되면 단순한 그래픽일 때 보다 더 이상한 느낌을 받게 됩니다.

하지만 사양에 대한 접근 방법은 무엇이 더 우위에 있다고 판단하기보다 해당 메타버스를 만드는 회사의 전략방향이나 고객에게 제공하고자 하는 핵심 가치를 어디에 두느냐에 따라 달라진다고 봐야 합니다. 잠재적 사용자층이 비교적 수는 적지만, 고사양 하드웨어를 통해 더 풍부한 그래픽 표현을 통해 긴장감과 몰입감을 올리고 게임과 같은 화려한 경험을 하게 만드는가, 아니면 화려한 경험보다 더 넓은 사용자층에게 다양한 사회적 경험을 제공하는 것을 목표로 하는가 등 전략적 목표에 따라 선택할 수 있는 접근 방법이 다를 뿐입니다.

메타버스를 만들 때 비용은 어느 정도 들어가는가?
또한 비용은 어떤 방식으로 책정되는가?

⌐Answer

처음 메타버스를 구축하는 일을 맡게 된 담당자들은 '제작비를 어떻게 책정해야 하는가?' 같은 비용에 대한 질문을 많이 합니다. 만일 비슷한 개발 경험이 없다면 비용산정에 대한 접근 방법 자체가 혼란스러울 수 있습니다. 우스갯소리로 '컴퓨터로 만들어지는 모든 서비스에 메타버스라는 태그를 붙이는 시대'라는 이야기가 나오기 때문에 산정의 기준이 되는 형태조차 무엇으로 해야할지 막막할 수 있습니다.

최근 메타버스 관련 기사들에 등장하는 회사들은 블록체인, 인공지능, 게임, VR, 온라인커뮤니티 등 다양한 기술을 기반으로 자기만의 가치를 만들어가고 있습니다. 이렇게 많은 형태의 메타버스 비즈니스가 가능하기 때문에 단순히 메타버스라는 단어 하나로 개발의 스코프Scope나 비용을 산정하는 것은 불가능한 일입니다. 하지만 개발비용의 산정 방법이라는 핵심에 다가가기 위해시 하나의 형태를 생각해볼 필요는 있기 때문에 제페도, 이프랜드 같은 가상공간 기반의 커뮤니티를 상정하고 이야기하겠습니다. (다만, 이 내용은 기존에 게임과 같은 가상공간의 제작과정에 대해 전혀 이해가 없는 독자들을 위한 참고용이며, 가상공간의 개발과 서비스에 경험이 없는 기업에서는 직접 비용을 산정하지 말고 믿을 수 있는 파트너사를 선정하여 개발 전반을 진행하기를 권합니다. 관련 노하우가 없는 경우에 개발팀을 직접 꾸려서 서비스를 제작한다는 것은 위험 요소가 너무 많습니다.)

앞서 이야기한 '가상공간 기반의 커뮤니티'라는 형태와 가장 비슷한 프로젝트 형태는 온라인 게임입니다. 온라인 게임의 제작에 필요한 과정은 대략 시스템 설계, 공간 설계, 콘텐츠 설계, UI·UX 설계 등 다양한 요소의 기획과정과 그러한 기획을 시각적으로 표현하는 아트 작업, 그리고 그 모든 요소와 기능을 연결하여 기획 의도대로 움직일 수 있도록 만드는 개발작업이 포함되며 후반부에는 QA Quality Assurance와 같은 품질검증 작업 등이 수행됩니다. 이러한 과정들은 대부분 기획자, 개발자, 아티스트에 의해서 수행되며 메타버스 개발비라는 것도 결국 게임개발 과정처럼 대부분의 비용이 인건비로 구성됩니다.

물론 게임이라는 하나의 매체 안에서도 장르와 표현방식에 따라 필요 인원과 개발기간이 달라지는 것처럼 이보다 더 많은 목적을 가질 수 있는 메타버스에서는 그 규모와 기술적·예술적 도전 방향에 따라 더욱 다양한 개발 프로세스가 나타날 수 있으므로 메타버스 개발을 위한 개발비 산정 모델을 표준화하는 것은 상당히 어렵습니다. 다만, 기획을 위한 인원과 기간, 배경이나 아바타를 제작하는데 필요한 인원과 기간, 개발과 테스트에 들어가는 인원과 기간 등의 총합이라고 생각하면 되겠습니다. 그리고 다른 모든 산업에서의 예산과 마찬가지로 장비와 사무공간 유지 비용(현실이건 가상이건) 및 예비비 등이 필요합니다.

보충 사례를 들어보겠습니다. 2021년 11월, 서울시는 '서울비전 2030'을 발표하면서 총 39억 원을 들여서 '메타버스 서울'을 구축한다고 발표했습니다. 물론 2026년까지 3단계에 걸쳐 구축할 계획이라 단기간 내에 완료되는 프로젝트는 아닙니다. 그 외에도 비용이 공개된 공공 메타버스 구축 사례를 보면 대부분 수천만 원에서 수억 정도의 비용이 책정되어 있습니다. 2022년 1월 조선일보에서 확인한 바에 따르면 개발 계획 중인 공공 기관의 메타버스 비용 중, 울산 콘텐츠기업 지원센터의 '플레이 울산 바이브'는 1억 3,700만 원, 인천광역시 서구의 '서구 메타버스'는 1억 6,000만 원, 전남 정보문화산업진흥원의 '전남 메타버스 관광 플랫폼'은 4억 1,400만 원 정도입니다.

일회성 행사만을 위한 구축이 아니라 향후 지속해서 사용하게끔 하기 위해 콘텐츠도 필요하고 운영비용도 추가된다면 십억 원을 훌쩍 넘기게 될 수도 있습니다. 결과적으로 이런 형태의 메타버스 서비스 구축 비용은 메타버스가 아닌 기존의 앱이나 웹사이트 구축 비용과 비교했을 때보다 규모가 큽니다.

메타버스에서 기획 역량이 중요한 이유가 이 때문입니다. 최근 유행처럼 많은 기업이나 지자체에서 메타버스를 앞세워서 구축하고 있지만 일회성에 그치는 경우가 많습니다. 수억 원을 들여서 가상 공간을 만들었지만, 수개월간 누적 사용자가 수백 명에 그치는 경우도 있습니다. 이런 경우는 오히려 간단한 웹사이트 구축으로 목적을 충분히 달성할 수도 있습니다. 유행에 편승해서 메타버스 구축을 하겠다고 결정하기보다는, 그 전에 '메타버스가 반드시 필요한가?', '메타버스 요소인 아바타나 공간 요소를 활용해서 사용자들에게 어떤 혜택을 줄 것인가?'에 대해 스스로 명확하게 답할 수 있어야 합니다. 명확한 답을 얻은 뒤에는 메타버스 운영을 잘하기 위한 운영 비용이나 유지 보수 비용도 고려해서 의사 결정해야 합니다. 반드시 자체 메타버스 구축을 할 필요가 없다면 기존에 많은 사람이 쓰고 있는 제페토나 로블록스에 공간 구축을 해보면서 다양한 실험을 해볼 것을 권장합니다.

Question

메타버스는 그냥 지나가는 일시적 유행인가?
아니면 다가오는 미래인가?

Answer

이제까지 다양한 기술적 혁신이 세상을 바꾸어놓았습니다. 개인
용 컴퓨터, 인터넷, AI, 3D그래픽, 모바일 인터넷 등 과거의 혁신
을 돌이켜보면 감을 잡는 데 도움이 될 것 같습니다. 다양한 기술
과 개념의 혁신들은 이제 우리 삶에 스며 들었기에 전혀 화제가
되지 않습니다. 분명 유행은 사라졌지만 그 유행으로 인해 세상
은 변했습니다. 마찬가지로 메타버스 역시 이전의 표현과 체계에
서 불합리한 면을 찾아내고 그것을 개선하기 위해 노력하는 과정
속에 있다고 생각합니다.

단지 디지털 세상을 그래픽으로 표현하는 것뿐 아니라 더 자
유로운 자기표현이나 아바타를 통한 격의 없는 소통, 자신의 창
작품을 통한 인정 욕구 같이 사람의 감성적 필요성을 해결하기
위한 방향으로 개발되어야 하는 것이 메타버스입니다. 그러는 과
정에서 메타버스라는 용어 자체는 사라질 수 있지만 기술의 발전
과 함께 더 직관적이고 감각적으로 디지털 세계를 활용하고자 하

는 노력은 계속될 것입니다.

참고 자료

프롤로그 및 1부

1. Gartner, "3 Themes Surface in the 2021 Hype Cycle for Emerging Technologies", 2021.8.23, https://www.gartner.com/smarterwithgartner/3-themes-surface-in-the-2021-hype-cycle-for-emerging-technologies

2. Mattthewball, "The Metaverse: What It Is, Where to Find it, and Who Will Build It", 2020.1.13, https://www.matthewball.vc/all/themetaverse

3. 위키피디아, https://ko.wikipedia.org/wiki/%EB%A9%94%ED%83%80%EB%B2%84%EC%8A%A4

4. 소프트웨어정책연구소, "메타버스와 미래전략", 2021.5.21, https://www.spri.kr/posts/view/23208?page=4&code=industry_trend

5. Chip Morningstar and F. Randall Farmer, "The Lessons of Lucasfilm's Habitat", 1990, q/readings/Virtual_Worlds/LucasfilmHabitat.html

6. 아트인사이트, "에스파의 세계관에 담긴 실존주의의 미학", 2021.7.8, https://post.naver.com/viewer/postView.nhn?memberNo=2060019&volumeNo=31927915

7. Simon Seojoon Kim, "진짜 메타버스와 가짜 메타버스", 2021.8.11, https://medium.com/hashed-kr/metaverse-vs-microverse-2cfdd50356fc

8. Xangle, "The Sandbox or Roblox, Which Platform Will Decide The Future of Metaverse?", 2022.2.15, https://xangle.io/research/6209a1a1e97e52dea6fa0d40

2부

9. Tencent ISUX, "3D avatar design for KAPU", 2019.10.15, https://medium.com/@tencent.isux/3d-avatar-design-for-kapu-a3193cc43372

10. Tencent ISUX, "Kapu Character Design", 2020.7.14, https://medium.com/@tencent.isux/kapu-character-design-20c12d0b77bf

11. APN(apparelnews), "패션 업계, 메타버스 사업에 잇달아 진출", 2022.2.21, http://m.apparelnews.co.kr/news/news_view/?idx=195745?cat=CAT180

12. Career, "누적 방문객 2천만! 제페토 한강공원 인기에는 다 이유가 있었구나", 2021.

메타버스 비즈니스 승자의 법칙

11.24, https://www.careet.net/561

13. Careet, "Z세대와 제페토 핫플 투어 다녀왔습니다", 2021.11.11, https://www.careet.net/547

14. Tittle Press, "Meet Rook Vanguard, The Roblox Creator Behind Gucci Park", 2021.7.13, https://tittlepress.com/fashion/952388/

15. Christies, "This is who I am: FEWOCiOUS on his life in art", 2021.6.23, https://www.christies.com/features/fewocious-on-his-life-in-art-11746-3.aspx

16. Esquire, "Meet FEWOCiOUS, the Teenager Who Crashed Christie's Auction House", 2021.6.29, https://www.esquire.com/entertainment/a36878931/fewocious-crypto-nft-art-christies-profile/

17. Sneakerfreaker, "Nike Are Launching A New 'Virtual Studios' Division", 2022.1.25, https://www.sneakerfreaker.com/news/nike-virtual-studios-metaverse-info

18. Adidas, https://www.adidas.com/into_the_metaverse

19. Dezeen, "Adidas to enter the metaverse with first NFT products", 2021.12.19, /12/19/adidas-enter-metaverse-first-nft-products-design/

3부

20. Mattthewball, "The Metaverse: What It Is, Where to Find it, and Who Will Build It", 2020.1.13, https://www.matthewball.vc/all/themetaverse

21. 김상균, "인터넷, 스마트폰보다 강력한 폭풍, 메타버스 놓치면 후회할 디지털 빅뱅에 올라타라", 2021.3, https://dbr.donga.com/graphic/view/gdbr_no/8011

22. Jon Radoff, "The Experiences of the Metaverse", 2021.5.28, https://medium.com/building-the-metaverse/the-experiences-of-the-metaverse-2126a7899020

23. Jon Radoff, "Metaverse Defenition", 2021.6.19, https://medium.com/building-the-metaverse/metaverse-definition-51e6b1c5baf3

24. 아주경제, "[k-메타버스] 아직도 안 탔니? 너도나도 1700조 메타버스 공략 드라이브", 2021.8.1, https://www.ajunews.com/view/20210731110100067

부록

25. Robin Hunicke and Marc LeBlanc, "MDA: A Formal Approach to Game Design and Game Research", https://users.cs.northwestern.edu/~hunicke/MDA.pdf

메타버스 비즈니스 승자의 법칙

초판 1쇄 발행 · 2022년 6월 24일

지은이 · 이상협, 박상욱, 김범주
발행인 · 이종원
발행처 · (주)도서출판 길벗
브랜드 · 더퀘스트
주소 · 서울시 마포구 월드컵로 10길 56 (서교동)
대표전화 · 02) 332-0931 | **팩스** · 02) 322-0586
출판사 등록일 · 1990년 12월 24일
홈페이지 · www.gilbut.co.kr | **이메일** · gilbut@gilbut.co.kr

책임편집 · 오수영(cookie@gilbut.co.kr), 유예진, 송은경, 정아영 | **제작** · 이준호, 손일순, 이진혁
영업마케팅 · 정경원, 최명주, 김도현 | **웹마케팅** · 김진영, 장세진 | **영업관리** · 김명자 | **독자지원** · 윤정아

디자인 · 김효정 | **교정교열** · 공순례 | **CTP 출력 및 인쇄** · 금강인쇄 | **제본** · 금강인쇄

ISBN 979-11-407-0001-1
(길벗 도서번호 090187)

정가 : 18,800원

독자의 1초를 아껴주는 정성 길벗출판사

길벗 | IT실용서, IT/일반 수험서, IT전문서, 경제실용서, 취미실용서, 건강실용서, 자녀교육서
더퀘스트 | 인문교양서, 비즈니스서
길벗이지톡 | 어학단행본, 어학수험서
길벗스쿨 | 국어학습서, 수학학습서 유아학습서, 어학하습서, 어린이교양서, 교과서